RESUMO DE DIREITO CANÔNICO

EDSON LUIZ SAMPEL

RESUMO DE DIREITO CANÔNICO

1. A íntegra do acordo Brasil-Santa Sé, com comentários.
2. A relação de todos os tribunais eclesiásticos do Brasil.
3. Modelo de histórico para a abertura de um processo de nulidade de casamento.

2ª edição
revista e atualizada

EDITORA
SANTUÁRIO

DIREÇÃO EDITORIAL:
Pe. Marcelo C. Araújo, C.Ss.R.

COORDENAÇÃO EDITORIAL:
Ana Lúcia de Castro Leite

REVISÃO:
Leila Cristina Dinis Fernandes

DIAGRAMAÇÃO:
Marcelo Tsutomu Inomata

CAPA:
Bruno Olivoto

Dados Internacionais de Catalogação na Publicação (CIP)
(Câmara Brasileira do Livro, SP, Brasil)

Sampel, Edson Luiz
    Resumo de direito canônico / Edson Luiz Sampel. - Aparecida, SP: Editora Santuário, 2014.

    Bibliografia.
    ISBN 978-85-369-0351-4

    1. Direito canônico I. Título.

14-08410   CDD-262.9

Índices para catálogo sistemático:
1. Direito canônico: Igreja Católica 262.9

2ª impressão

Todos os direitos reservados à **EDITORA SANTUÁRIO** – 2018

Rua Pe. Claro Monteiro, 342 – 12570-000 – Aparecida-SP
Tel.: 12 3104-2000 – Televendas: 0800 - 16 00 04
www.editorasantuario.com.br
vendas@editorasantuario.com.br

SUMÁRIO

À guisa de introdução:
direito canônico e direito estatal | 7

1. Ramos do direito canônico | 15

2. Algumas peculiaridades do direito canônico | 29

3. Nulidade de casamento na Igreja | 41

4. Comentários sobre o acordo Brasil-Santa Sé | 53

5. Acordo entre a República Federativa do Brasil
e a Santa Sé relativo ao estatuto jurídico da Igreja
católica no Brasil | 99

6. Relação dos Tribunais Eclesiásticos do Brasil | 109

7. Modelo de histórico para a abertura de um
processo de nulidade de matrimônio e outras
informações | 121

8. Indicações de leitura para o aprofundamento no
estudo do direito canônico| 127

À GUISA DE INTRODUÇÃO:

DIREITO CANÔNICO E DIREITO ESTATAL

ntes de tudo, é conveniente esclarecer que o *código de direito canônico* ou, simplesmente, o *código canônico* rege a vida de mais de um bilhão de católicos no mundo. Nenhum código civil, neste aspecto, equipara-se ao *código canônico*. Por isso, quem se interessa pelo estudo do direito canônico não está dedicando-se à arqueologia jurídica ou à história do direito, mas está em face de uma legislação muito atuante e universal.

Ao lado do direito romano, o direito canônico contribuiu enormemente para o desenvolvimento e a estruturação do direito estatal moderno. A figura do advogado surge do direito canônico. O processo escrito é outrossim invenção dos canonistas. No âmbito do direito matrimonial, a sistemática dos impedimentos advém do direito canônico. O inquérito é uma instituição que nasceu no direito canônico. O registro civil provém do *batistério* (certidão de batismo). Além disso, a força amorosa do cristianismo humanizou os antigos métodos de produção de provas, as *ordálias*, que não raramente levavam o acusado ao óbito. Esses esquemas judiciais foram extintos graças à influência da Igreja católica.

O *direito canônico* ou *direito eclesial,* ou, ainda, *direito da Igreja católica,* pode ser definido como o "conjunto das normas gerais e positivas que regulam a vida no seio da Igreja católica". Essa definição foi cunhada pelo eminente jurista Radbruch (*Apud* Washington de Barros Monteiro, *Curso de Direito Civil,* 22ª ed., Saraiva, p. 1), com vistas no direito estatal, mas, por mim adaptada num livro que lancei em 2001, serve bem ao *ramo* do direito que rege o dia a dia dos católicos.

A expressão *direito eclesiástico,* a ser ulteriormente analisada, não é sinônima de *direito canônico,* porquanto diz respeito às disposições de garantia da religião inseridas na lei máxima do Estado, ou seja, na constituição. Na verdade, o *direito eclesiástico* é um ramo do *direito público estatal.*

A Igreja e o Estado são duas sociedades ou comunidades. A primeira é uma *sociedade religiosa,* com um perfil básico de *direito divino positivo.* O segundo, uma *sociedade política,* com estrutura emanada principalmente da constituição, elaborada por representantes do povo. Os fins dessas sociedades são bem distintos, porém, muitas vezes, tangenciam-se. O objetivo da Igreja é de ordem escatológica, ou seja, visa à *salvação dos seus membros*, no sentido da conquista do *céu* ou *paraíso* depois da morte. Por isso, o cânon 1752, o último do código canônico, reza que a salvação das almas é a suprema lei na Igreja: *salus animarum suprema lex Ecclesiae est*. Por outro lado, o escopo do Estado é de viés estritamente temporal: o bem comum na história.

O Concílio Vaticano II, assembleia que congregou todos os bispos do mundo em Roma com o papa (1962-1965), promoveu uma atualização na Igreja (*aggiornamento*). Antes desse evento tão importante, dizia-se que a Igreja era uma *sociedade perfeita*. Hoje, afirma-se que a Igreja é o *povo de Deus*. Com efeito, asseverar que a Igreja é uma *sociedade perfeita* não significa expressar a ideia de carência de qualquer mácula ou defeito. No caso, o vocábulo *perfeito* quer dizer *acabado*, *completo*. Desta feita, quando se diz que a Igreja é uma sociedade perfeita, quer-se apenas transmitir o conceito jurídico de que essa comunidade religiosa dispõe de todos os recursos para atingir seu fim, que é, como vimos, a salvação das almas. O Estado, então, também é uma *sociedade perfeita*, pois possui a integralidade das instituições imprescindíveis para o atingimento de seu objetivo, o bem comum.

O direito canônico atual, organizado principalmente, mas não exclusivamente, no *código canônico*, promulgado em 1983 por João Paulo II, constitui o mecanismo jurídico de implementação do ideário do Concílio Vaticano II. Em outras palavras, sem o código canônico, o Concílio restaria letra morta, uma vez que não seria posto em prática. À luz desse mesmo magnífico Concílio, verificamos que, embora a Igreja tenha uma finalidade nitidamente religiosa, isto não implica negligência ou desinteresse pelo ser humano no contexto histórico, no aqui e agora. Por esse motivo, escrevia linhas atrás que, muitas vezes, o desiderato da Igreja tangencia o desígnio do Estado, haja vista a preocupação de ambas as sociedades pelo bem-estar dos cidadãos (Estado) e dos fiéis (Igreja). Vamos dar um exemplo. O artigo 3º da Constituição Federal do Brasil arrola os objetivos do país, vale dizer, as metas que têm de ser perseguidas, não só pelo governo, mas também por todos os brasileiros. Entre eles, figura a erradicação da pobreza, talvez o escopo de maior relevância: "Constituem objetivos fundamentais da República Federativa do Brasil: (...) III – erradicar a pobreza e a marginalização e reduzir as desigualdades sociais e regionais". Ora, quantas vezes a Igreja católica, por intermédio de bispos, padres e leigos, não blasonou sua evangélica opção preferencial pelos pobres, não exclusiva nem excludente? Nesse diapasão, percebemos que o direito canônico não regula temáticas que concernem à ordem sobrenatural, às coisas do além-túmulo, mas, pelo contrário, o referido direito rege, isto sim, as relações intersubjetivas dos católicos, pois a Igreja é uma sociedade e o ordenamento jurídico é inerente ao homem que vive em sociedade. No famoso romance *Robinson Crusoé*, enquanto a personagem homônima estava sozinha na ilha, não ocorria o fenômeno jurídico, entretanto, a partir da chegada do índio Sexta-feira, surgem normas de comportamento, necessárias para a convivência harmoniosa entre o náufrago e o aborígene; aparece o direito.

De qualquer modo, é bom consignar que, mesmo disciplinando os intercâmbios entre os católicos no momento atual, isto é, no presente, todo o direito canônico está voltado à realização plena do homem na vida após a morte, uma vez que a missão da Igreja é eminentemente sobrenatural.

O direito canônico é de índole paraestatal. Tal como o direito desportivo ou o chamado direito social do trabalho, o ordenamento normativo da Igreja é plenamente jurídico. O caráter jurídico não repousa na coercibilidade, ou seja, na capacidade que determinado ente possui de fazer valer a lei, independentemente da vontade da pessoa que tem de observar o mandamento legal. Assim, por exemplo, se fulano deve cem reais a sicrano e não paga a dívida, o credor aciona o Estado, que, eventualmente, penhorará um bem do devedor até ao valor do débito, repassando o montante pecuniário ao credor. O Estado, em diversas situações, usa da força para atuar a lei ao caso concreto. Malgrado a Igreja não disponha desse tipo de mecanismo, o direito canônico é jurídico porque é *imperativo*. Esta, sem dúvida, a *imperatividade*, um item *sine qua non* da juridicidade de qualquer regra de comportamento.

A meu ver, o direito canônico sofre de uma limitação bastante séria: o código canônico está vazado na língua latina. Ora, é da índole da lei ser cabalmente acessível àqueles que têm de cumpri-la. Imagine se o código penal brasileiro fosse escrito em outro idioma que não o português! Isto seria um absurdo! O problema é que o latim é a "língua oficial" da Igreja. Existem mil vantagens em se redigir uma lei ou qualquer documento no idioma de Cícero: clareza, concisão, elegância etc. No entanto, hodiernamente, contam-se nos dedos os que conhecem bem o latim, mesmo entre os canonistas. As diversas edições do código possuem uma tradução anexa. Mas essa tradução é apenas uma simples referência. Não é oficial. A propósito, a própria Conferência Nacional dos Bispos do Brasil (CNBB) preconiza-o claramente: "Para a exata compreensão desta edição brasileira, é necessário atender às seguintes advertências: 1ª) Só o texto latino do Código tem valor oficial" (*In* "Apresentação à primeira edição brasileira do Código de Direito Canônico", 25/4/1983). Assim como, vendo as traduções, máxime as espanholas, que são excelentes e de olho no latim, é realmente possível estudar o direito canônico, sem necessidade de ser um latinista. Os falantes do português temos uma grande sorte, pois nos expressamos numa língua neolatina, isto é, derivada do latim. Essa circunstância, sem dúvida, favorece a compreensão do texto oficial.

Sempre advoguei a tese de que um dia o código será escrito numa língua moderna, como, por exemplo, inglês ou espanhol. Destarte, um católico que reside em Tóquio, no Japão, disporá de maior facilidade para observar a lei canônica grafada em inglês.

Cumpre salientar que a lei mais importante da Igreja se chama *Codex Iuris Cannonici*. Traduzindo ao pé da letra: "Código de Direito Canônico". Este é o nome preferido dos operadores do direito eclesial. Nada obstante, eu gosto de dizer "código canônico". Cuido que seja mais consentâneo com a linguagem jurídica universal. Todos dizem *código civil, código penal, código comercial* etc., nos mais variegados idiomas da face da Terra. Ninguém fala *código de direito civil, código de direito penal* ou *código de direito comercial...* Não devemos, ainda, olvidar o fato de que, em que pese ser o código canônico a lei exponencial da Igreja, sua lei máxima, não é a lei única da Igreja. Nesse sentido, quando um bispo edita leis para sua diocese, cria-se legítimo direito canônico e, na hipótese, as referidas leis canônicas serão escritas em português, se se tratar de uma diocese do Brasil ou em alemão, se se cuidar de uma diocese da Áustria. Não existe a obrigatoriedade de as autoridades eclesiásticas utilizarem o latim para as leis esparsas ou extravagantes, ou seja, para as normas que estão fora do código canônico.

Por fim, é convinhável explicar que os canonistas *grosso modo* gostam de se reportar ao direito estatal, nomeando-o de *direito civil.* De outra banda, o operador do direito estatal geralmente compreende na expressão *direito civil* um esgalho ou seção do *direito estatal.*

1

RAMOS DO DIREITO CANÔNICO

Ao manusearmos o código canônico, logo perceberemos uma peculiaridade que o diferencia de qualquer código civil: no código da Igreja se encontram imbricadas as normas de direito material, vale dizer, as que disciplinam principalmente as relações intersubjetivas, e as normas de direito processual, que visam à resolução dos conflitos. O direito processual surge com o cânon 1400, no Livro VII, última repartição do código. Os outros seis livros contêm regras de natureza material. Normalmente, nos países, como no Brasil, existe um código de processo civil separado, autônomo.

O código canônico está dividido em sete livros, a saber: Livro I: *De Normis Generalibus* (Das Normas Gerais); Livro II: *De Populo Dei* (Do Povo de Deus);

Livro III: *De Ecclesiae Munere Docendi* (Do Múnus de Ensinar da Igreja); Livro IV: *De Ecclesiae Munere Sanctificandi* (Do Múnus de Santificar da Igreja); Livro V: *De Bonis Ecclesiae Temporalibus* (Dos Bens Temporais da Igreja); Livro VI: *De Sanctionibus in Ecclesia* (Das Sanções na Igreja) e Livro VII: *De Processibus* (Dos Processos).

Embora haja artigos no código canônico, a divisão nuclear é feita por cânones. São, ao todo, 1752 cânones, assim distribuídos: cânon 1º ao cânon 203: Livro I; cânon 204 ao cânon 746: Livro II; cânon 747 ao cânon 833: Livro III; cânon 834 ao cânon 1253: Livro IV; cânon 1254 ao cânon 1310: Livro V; cânon 1311 ao cânon 1399: Livro VI; e cânon 1400 ao cânon 1752: Livro VII.

Com base nas diversas situações disciplinadas pelo código canônico ao longo dos sete livros, vamos proceder à classificação dessas regras jurídicas, seccionando-as, didaticamente, em ramos, exatamente como costumamos fazer no direito estatal ou civil. É óbvio que exibiremos um sumário, restringindo-nos ao que nos parece mais relevante para quem dá os primeiros passos nesta ciência jurídica.

DIREITO GERAL CANÔNICO

O *direito geral canônico* é composto pelas normas do Livro I do código. São prescrições que dizem respeito à aplicação da lei eclesiástica, do costume. A propósito, com referência ao costume, o cânon 27 preceitua que "o costume é um ótimo intérprete da lei" (*Consuetudo est optima legum interpres*).

Nesse ramo do direito canônico, disciplinam-se, ainda, os decretos gerais, as instruções, os atos administrativos, os *rescritos*, figura jurídica própria do direito da Igreja sobre a qual discorreremos no item relativo às peculiaridades do direito canônico. No mencionado item, cuidaremos, também, dos *privilégios*, normatizados no direito canônico geral, que outrossim correspondem a uma espécie jurídica típica do direito eclesial.

Entre diversas situações, o direito geral canônico veicula as normas básicas para as pessoas jurídicas e físicas na Igreja. Por exemplo, o cânon 96 estatui que o ser humano se torna *pessoa* com a recepção do sacramento do batismo (*constituitur persona*). Pessoa, no sentido canônico, porquanto na acepção teológica, enquanto filho de Deus, o ser humano é pessoa desde a concepção, sendo a Igreja católica a instituição que com maior força e tenacidade defende essa tese.

A parte geral do direito canônico regula, ainda, o denominado "poder de regime" ou "poder de governo" (*De potestatis regiminis*). Com efeito, o cânon 135 determina que na Igreja o poder de governo se distingue em legislativo, executivo e judiciário. De certa forma, adotou-se a teoria de Montesquieu, da tripartição do poder. Vamos ver as características do exercício do poder na Igreja no item referente às peculiaridades do direito canônico.

Direito social canônico

São as regras atinentes ao povo de Deus ou à sociedade eclesial e constituem o Livro II do código. Tratam dos fiéis em geral, clérigos (diáconos, padres e bispos) e leigos (católicos comuns; a esmagadora maioria). Por exemplo, o cânon 210 estatui que todos os fiéis devem esforçar-se por levar uma vida santa (*ad sanctam vitam*). Corroborando tal preceito, o cânon 225, § 2º, normatizando especificamente a conduta dos leigos, exorta-os a *animarem* e a *aperfeiçoarem* as realidades temporais com o espírito do evangelho, dando testemunho de Cristo, especialmente no exercício das atividades seculares (*in muneribus seacularibus exercendis*). Quer dizer, o católico que, por exemplo, exerce uma função pública do alto escalão, em que há discricionariedade (certa liberdade de escolha entre modos de proceder), a teor deste cânon, terá de veicular os valores do evangelho mediante suas atividades profissionais, sem vulnerar, é claro, o princípio da laicidade do Estado.

Nesse livro estão dispostas as regras sobre a *constituição hierárquica* da Igreja. Em primeiro lugar, surge a figura do sucessor de são Pedro, o papa, que se intitula *servus servorum Dei*, ou seja, *servo dos servos de Deus*. Com efeito, vejamos a tradução do cânon 331:

> O bispo da Igreja de Roma, no qual perdura o ofício concedido pelo Senhor singularmente a Pedro, primeiro dos apóstolos, para ser transmitido aos sucessores dele, é a ca-

beça do colégio dos bispos, vigário de Cristo e, aqui na Terra, pastor da Igreja universal; ele, pois, em virtude de seu múnus, tem na Igreja o poder ordinário, supremo, pleno, imediato e universal, que pode sempre exercer livremente.

No artigo 2º, da segunda parte deste Livro II, a partir do cânon 336, cuida-se do encargo de bispo, sucessor dos apóstolos, complementado, posteriormente, pelo cânon 375 e seguintes.

O capítulo IV dá conta da *cúria romana*, um tipo de ministério a serviço do papa. É composta a cúria de vários órgãos, denominados *dicastérios*, que visam auxiliar o sumo pontífice no governo da Igreja. Por exemplo, um desses dicastérios da cúria romana é a Congregação para a Educação Católica, uma espécie de MEC da Igreja, que tem por objetivo fiscalizar e autorizar o funcionamento das muitíssimas universidades e escolas católicas espalhadas pelo planeta. Faz parte dessa mesma cúria a conhecida Congregação para a Doutrina da Fé, ex-Santo Ofício, que tem por incumbência zelar pela retidão de ortodoxia da fé cristã, apontando os erros expressos principalmente em livros.

O *direito social canônico* preocupa-se, ainda, com as *dioceses* ou *Igrejas particulares*, que são porções do povo de Deus confiadas ao pastoreio dos bispos (cânon 369). Assim, na Igreja, cada bispo governa ou pastoreia uma diocese. Existem, também, regras canônicas para as conferências episcopais. No Brasil, a conferência episcopal, a CNBB (Conferência Nacional dos Bispos do Brasil) congrega todos os bispos, mas não tem poder de se intrometer nos assuntos *interna corporis* das dioceses. A *paróquia*, cuja normatização começa com o cânon 515, é uma divisão da diocese. O *pároco* é o padre responsável pela paróquia e se reporta diretamente ao bispo.

As freiras e todos os que pertencem a uma congregação ou instituto religioso têm as leis principais de seu estilo de vida estampadas no Livro II. Nesse diapasão, o cânon 573, § 1º, estabelece que a vida consagrada pelos conselhos evangélicos (castidade, obediência e pobreza) é uma maneira estável de viver, seguindo mais de perto a Cristo, sob a ação do Espírito Santo. Essas pessoas, continua o legislador canônico, consagram-se totalmente a Jesus, a fim de alcançarem a perfeição da caridade no serviço do reino de Deus.

DIREITO SACRAMENTAL CANÔNICO

O Livro III e o Livro IV compreendem normas a propósito do múnus ou ofício de ensinar e de santificar, respectivamente. Nesse sentido, por exemplo, o cânon 796 e seguintes estipulam regras a respeito das escolas católicas, das universidades e faculdades eclesiásticas. No Livro III, há, também, um título a respeito dos meios de comunicação social da Igreja, principalmente os livros.

O Livro IV, como vimos, porta a legislação atinente ao ofício de santificar. Destarte, nesta seara canônica regula-se a administração dos sete sacramentos, a saber: batismo, eucaristia, crisma, ordem, matrimônio, confissão e unção dos enfermos, antigamente denominado de extrema-unção.

O cânon 849 reza que o sacramento do batismo é a porta dos sacramentos (*ianua sacramentorum*). De fato, sem este sacramento, não se pode receber os outros seis, pois, o ser humano ainda não se tornou pessoa do ponto de vista jurídico-canônico (cânon 96).

Compete ao direito sacramental canônico regular a celebração do sacramento da eucaristia, a santa ceia, o mais importante dos sete sacramentos. Segundo o código canônico, cânon 920, § 1º, todo católico deve comungar ao menos uma vez ao ano. A mesma determinação vale para a confissão: pelo menos uma vez por ano (cânon 989).

Direito patrimonial canônico

Os bens temporais da Igreja devem ser empregados na organização do culto divino, no sustento do clero e demais ministros e nas obras de caridade, principalmente a favor dos pobres. Esta é a dicção do cânon 1254, encetando o Livro V, que constitui o direito patrimonial canônico.

Tendo em vista os fins da Igreja, goza a autoridade eclesiástica do direito de exigir dos fiéis alguma contribuição pecuniária, um tipo de imposto. Esta disposição do cânon 1260, de certo modo, dá as bases para um direito tributário canônico. Via de regra, no entanto, a Igreja católica é sustentada principalmente pelo pagamento voluntário do dízimo por parte dos fiéis.

Em outros títulos desse livro, trata-se do modo de administrar os bens, dos contratos e alienações, bem como das fundações pias. É certo que as regras oriundas do direito patrimonial canônico têm de estar em consonância com o ordenamento civil do lugar em que se situam os bens.

Direito penal canônico

Diz-se que a Igreja é santa e pecadora, porque, embora fundada por Jesus e diuturnamente assistida pelo Espírito Santo, ela é composta por homens falíveis, suscetíveis a todos os erros e pecados. Sendo assim, também na Igreja, é imprescindível um direito penal, que tipifique certos atos delituosos e aplique a devida sanção ao infrator.

O delito ou infração penal difere do pecado. Desta feita, todo delito é um pecado, mesmo que seja venial (de pequena monta), mas nem todo pecado é um delito. Anos atrás, o pecado de adultério (contra o 6º mandamento do decálogo) era um crime ou delito, punido pelo Estado. Hoje, entretanto, o adultério deixou de ser crime, mas não deixou de ser pecado.

O pecado é um ato ou omissão (às vezes, pensamento) que ofende Deus. Portanto, estamos na órbita do foro íntimo. Por outro lado, o delito ou crime é um ato ou omissão que agride a sociedade política (o Estado), ou, então, afeta detrimentosamente uma pessoa concreta (por exemplo, nos crimes contra a honra).

O direito penal canônico descreve vários comportamentos graves que profligam bens tutelados pela Igreja. São os delitos canônicos, que, muita vez, constituem também delitos estatais. Vejamos alguns casos interessantes.

O cânon 1364 pune com excomunhão *latae sententiae*, isto é, automática, o apóstata da fé, o herege ou cismático. Apóstata é quem nega a integralidade da doutrina de Cristo, herege é a pessoa que nega uma parte dessa doutrina, por exemplo, não acreditando na ressurreição dos mortos, e cismático é o fiel que rompe com o sucessor de são Pedro, o papa, não aceitando o comando do chefe supremo da Igreja.

Estatui o cânon 1367:

> Quem joga fora as espécies consagradas ou as subtrai ou conserva para fim sacrílego incorre em excomunhão *latae sententiae*, reservada à Sé Apostólica; além disso, o clérigo pode ser punido com outra pena, não excluída a demissão do estado clerical.

Observamos que o legislador age com bastante rigor neste caso, pois se trata de salvaguardar o maior dos sacramentos instituídos por Jesus Cristo, a eucaristia, em que, sob a aparência de pão e vinho, estão realmente presentes o corpo e o sangue do salvador (transubstanciação). Estamos referindo-nos aqui às hóstias consagradas na missa.

Ser maçom é algo incompatível com o catolicismo. Desse modo, o cânon 1374 determina que quem se inscreve numa sociedade que maquina contra a Igreja, seja punido com justa pena (*iusta poena*).

Os três delitos dados como exemplo acima atuam exclusivamente no direito penal canônico. Nada obstante, há delitos canônicos que são igualmente delitos estatais. O cânon 1370 pune com excomunhão *latae sententiae* a pessoa que usar de violência física contra o papa. Cuida-se, na verdade, do delito de lesão corporal, outrossim reprimido pelo Estado. O cânon 1398 pune com excomunhão automática a prática do aborto.

A excomunhão é deveras a punição mais grave do direito penal canônico, mas não é o único tipo de pena. Estar excomungado não significa ser posto no inferno. De fato, a consequência prática da excomunhão reside na proibição de o excomungado frequentar os sacramentos e exercer ofícios na Igreja. Assim, o excomungado pode assistir à missa, porém é-lhe defeso comungar, receber a hóstia sagrada. Se o excomungado é catequista à época da imposição da pena, deverá cessar sua atividade. Se se tratar de um pároco (padre responsável por uma paróquia), o excomungado está impedido de governar aquela parcela do povo de Deus. Tão logo a pessoa se arrependa do delito perpetrado, a Igreja vai recebê-la de braços abertos, porquanto, ao contrário do que infelizmente ocorre nos presídios mantidos pelo Estado, em que a pena é mais uma vindita (vingança) do que um meio de regenerar o detento, na Igreja, a pena sempre tem um caráter medicinal: objetiva a plena cura da pessoa que infringiu a lei penal canônica.

Mais para frente, voltaremos a esse assunto, quando discorrermos sobre algumas características típicas do direito penal canônico.

Direito processual canônico

No Livro VII está organizada a normativa referente aos processos, tanto o penal quanto o extrapenal. Com efeito, reza o cânon 1400:

> Parágrafo 1º. São objeto de juízo: 1º direitos de pessoas físicas ou jurídicas a ser defendidos ou reivindicados e fatos jurídicos a ser declarados. 2º delitos, no que se refere à imposição ou declaração de pena.
> Parágrafo 2º. Todavia, controvérsias originadas de atos do poder administrativo podem ser apresentadas somente ao superior ou ao tribunal administrativo.

Reparemos que na Igreja, tal como o modelo francês, existem cortes administrativas. A propósito, é interessante observar que uma pena canônica pode ser imposta tanto num processo judicial típico quanto num processo administrativo. Em qualquer caso, é claro, há de ser respeitado o direito de defesa do acusado.

As causas de canonização dos servos de Deus regem-se por lei própria, não pelo código canônico (cânon 1403). De fato, a canonização é um autêntico processo judicial, no qual aparece inclusive a figura do advogado de acusação, mais conhecido como advogado do Diabo, que tem por incumbência apontar todas as falhas possíveis que possam obstar a canonização. É um expediente que imprime grande seriedade a este jaez de processo.

Estabelece o cânon 1404 que a sé primeira, ou seja, o papado, não é julgada por ninguém. O pontífice romano é o supremo mandatário na Igreja. Não há poder acima dele, somente o poder divino, ao qual está submisso tanto quanto qualquer batizado. Aliás, recorrer de uma sentença do papa constitui um delito (cânon 1372).

Nas cortes canônicas, a primeira instância é colegial, formada por ao menos três juízes, ao contrário do que ocorre no Estado, como no Brasil, onde a jurisdição de primeiro grau é exercida por um único magistrado.

A maioria das causas apreciadas pelos tribunais eclesiásticos diz respeito aos pedidos de nulidade de casamento ou matrimônio. Por essa razão, há no Livro VII, artigo 2º da terceira parte, vários cânones que regulam o denominado processo de nulidade de matrimônio. Afirma-se, assim, que os tribunais eclesiásticos são autênticos tribunais matrimoniais.

Em todos os países, há muitíssimos tribunais eclesiásticos, de primeira e de segunda instâncias. Nada obstante, a jurisprudência propriamente dita é criada exclusivamente pelos tribunais superiores da Igreja, que se localizam na cidade de Roma, sede do catolicismo. Destarte, há em Roma o Tribunal da Rota Romana, que seria o STF da Igreja católica. Também se encontra na Cidade Eterna o Tribunal da Assinatura Apostólica, com a atribuição de julgar cardeais e outros eclesiásticos. Ainda devemos lembrar-nos do Tribunal da Penitenciaria (ou Penitenciária) Apostólica, cuja competência é o julgamento dos casos de consciência, oriundos do sacramento da penitência. Assim, por exemplo, o sacerdote que no ato da confissão ou por ocasião da confissão "solicita" o penitente, vale dizer, instiga-o a um pecado contra o sexto mandamento (comportamento contrário à castidade), comete um delito que será julgado pelo Tribunal da Penitenciaria Apostólica em segredo de justiça.

Direito eclesiástico

Conforme expliquei anteriormente, o direito eclesiástico é um ramo do direito público. No Brasil tivemos uma obra bastante conceituada nessa área, de Cândido Mendes de Almeida, "Direito Civil Eclesiástico Brasileiro".

O objeto do direito eclesiástico são as normas que tutelam a crença religiosa encontradiças principalmente na Constituição Federal. O Estado é laico, contudo, existem preceitos legais que visam salvaguardar a liberdade de culto dos cidadãos. O Concílio Vaticano II exorta o poder civil, isto é, o Estado, "através de leis justas e outros meios aptos, a tomar eficazmente a si a tutela da liberdade religiosa de todos os cidadãos e providenciar condições propícias para incentivar a vida religiosa, a fim de que os cidadãos possam de fato exercer os direitos da religião e cumprir os deveres da mesma e a sociedade possa gozar dos benefícios da justiça e da paz que provêm da fidelidade dos homens para com Deus e sua santa vontade" (Declaração *Dignitatis Humanae*, 6b).

A espinha dorsal do direito eclesiástico é o comando do artigo 5º, inciso VI, da Constituição da República, que reza o seguinte: "É inviolável a liberdade de consciência e de crença, sendo assegurado o livre exercício dos cultos religiosos e garantida, na forma da lei, a proteção aos locais de culto e a suas liturgias". Corroborando este dispositivo jurídico, o inciso VIII do mesmo artigo proíbe qualquer privação de direitos por motivo de crença religiosa. O recente acordo internacional ultimado entre o Brasil e a Igreja católica (Santa Sé) prevê a "destinação de espaços a fins religiosos, que deverão ser previstos nos instrumentos de planejamento urbano a serem estabelecidos no respectivo plano diretor" (artigo 14).

Na Constituição há, ainda, normas de imunidade tributária dos templos de qualquer culto, que não pagam impostos, consoante o preceito do artigo 150, inciso VI, letra "b". As disposições constitucionais sobre a família e o casamento, contidas no artigo 226 e seguintes, são igualmente objeto do direito eclesiástico, constituindo as chamadas *matérias mistas*, que dizem respeito tanto ao Estado quanto à Igreja.

A presença de entidades religiosas nos estabelecimentos de internação coletiva (presídios, hospitais, casas que acolhem menores infratores etc.) é garantida pelo ordenamento jurídico brasileiro e, juntamente com a assistência religiosa aos membros das Forças Armadas, faz parte deste esgalho do direito público. O acordo Brasil-Santa Sé reforça este ditame (artigo 8º).

2

ALGUMAS PECULIARIDADES DO DIREITO CANÔNICO

Normas de Direito Divino Positivo

Há, efetivamente, regras ou leis que se originam diretamente de Jesus Cristo, tendo em vista a instituição da Igreja (vontade fundacional), e que, por esta razão, são tidas como normas de direito divino positivo. Estes preceitos estão no código canônico ao lado das normas denominadas meramente eclesiásticas. As disposições normativas de direito divino positivo não podem ser revogadas, ao passo que as de direito eclesiástico ou humano são passíveis de revogação (ab-rogação ou derrogação). O código canônico em vigor ab-rogou o código de 1917 (cânon 6º, 1º).

Com referência ao Estado, não há que falar nessa sorte de normas, salvo as de *direito natural* ou *direito divino natural*, que, na verdade, são princípios que norteiam a atividade legislativa. Assim, diz-se que uma lei estatal ou canônica será justa e equânime à medida que estiver inspirada no direito divino natural. As normas desse tipo se reportam à vida, à propriedade, à liberdade.

O cânon 204, parágrafo 2º, é de direito divino positivo. Com efeito, estabelece o mencionado cânon:

> Essa Igreja [a Igreja de Jesus], constituída e organizada neste mundo como sociedade, subsiste na Igreja católica, governada pelo sucessor de Pedro e pelos bispos em comunhão com ele.

Jesus mesmo exara essa norma fundacional, ora juridicizada no cânon acima citado: "Tu és Pedro e sobre esta pedra edificarei a minha Igreja" (Mt 16,18). As *chaves* às quais Jesus alude, para *ligar* e *desligar*, no ideário semítico de sua época, representam o poder de governo: "Dar-te-ei as chaves do reino dos céus; tudo o que ligares na terra será ligado nos céus, e tudo o que desligares na terra será desligado nos céus" (Mt 16,19).

Os cânones que estruturam a Igreja, como o múnus do papa, dos bispos, dos fiéis leigos (católicos comuns), bem como as disposições que regem os sacramentos, instituídos os sete por Jesus Cristo, são de direito divino positivo.

Pontifício Conselho para a Interpretação dos Textos Legislativos

Há um dicastério (órgão) da cúria romana, o Pontifício Conselho para a Interpretação dos Textos Legislativos, que tem a última palavra sobre a exegese ou a interpretação de alguma lei canônica, principalmente o código, é claro. Esse conselho não é um tribunal de última instância, que atua sob o influxo de recursos processuais, produzindo, assim, jurisprudência com súmulas vinculantes. Os tribunais máximos na Igreja são a Rota Romana e a Assinatura Apostólica. O conselho em apreço exara sua interpretação vinculante quando provocado por alguma autoridade eclesiástica, mormente um bispo. Por exemplo, algum tempo após a promulgação do código canônico vigente, certa diocese do Brasil encaminhou ao conselho uma indagação acerca da correta hermenêutica do cânon 917, a fim de espancar a dúvida remanescente a propósito do número de vezes que um fiel pode comungar por dia. O conselho dirimiu a dúvida, asseverando que um fiel só pode receber o sacramento da eucaristia duas vezes por dia, interpretando autenticamente o sentido jurídico da palavra *iterum*, conforme explicita o cânon em tela.

Os pronunciamentos desse conselho, não corriqueiros, findam qualquer celeuma. Aplica-se no caso o adágio *Roma locuta, causa finita* (com a palavra de Roma, a causa termina).

Pena *latae sententiae*

É a aplicação imediata e automática da punição ao infrator, sem o devido processo legal (*due process of Law*). O aludido expediente jurídico repugna à mentalidade contemporânea. Em todos os Estados civilizados, nenhum cidadão pode ser punido sem o direito de defesa, efetivado através de um processo judicial em que se observe o contraditório. Na verdade, o princípio 9º da reforma do código canônico em vigor determinava a parcimônia no emprego dessa sorte de pena: "Com referência ao direito de coação, a que a Igreja não pode renunciar, como sociedade externa, visível e independente, as penas sejam geralmente *ferendae sententiae* e irrogadas e remitidas somente no foro externo. As penas *latae sententiae* reduzam-se a poucos casos e somente sejam irrogadas contra crimes gravíssimos". A tendência, creio eu, é a extinção paulatina desse instituto penal exclusivamente canônico.

A justificativa para a pena automática ou *latae sententiae* é a gravidade do delito, bem como a dificuldade de castigar o infrator. Por exemplo, o crime de aborto, acoimado de excomunhão *latae sententiae* (cânon 1398), costuma ser praticado ocultamente. Como descobrir a perpetração do delito? No entanto, nem mesmo esse motivo justifica mais a pena automática e a propensão é realmente abolir o tal instituto odioso e tipicamente canônico.

Pena não determinada

No direito penal estatal, sempre se determina claramente a sanção imposta ao delito. Por exemplo: o artigo 121 do código penal fulmina a pena de 6 a 20 anos de reclusão para o praticante do homicídio ("Matar alguém: pena: reclusão de 6 a 20 anos"). No direito penal canônico, existe a figura da pena indeterminada, que, na verdade, será infligida pelo julgador e não pelo legislador. O cânon 1392 preceitua que os clérigos que exercem atividade de comércio *sejam punidos conforme a gravidade do delito*. O cânon 1396 estatui a punição com justa pena (*iusta poena*) ao clérigo que viola a obrigação de residência que lhe incumbe em razão do ofício eclesiástico. Outro exemplo (há-os muitos): "Quem aliena bens eclesiásticos sem a licença prescrita, seja punido com *justa pena*" (cânon 1377).

A tese subjacente a esta peculiaridade do direito penal canônico é de que o juiz, diante do caso concreto, está mais bem apetrechado para sopesar melhor as circunstâncias do cometimento do delito e cominar a pena apropriada.

A excomunhão

Enganam-se os que creem que a pena de excomunhão exclui o fiel do paraíso. Na verdade, a excomunhão afasta o católico das atividades na Igreja. Assim sendo, o excomungado não pode receber a hóstia consagrada, embora lhe seja lícito assistir à missa. É interdito ao excomungado exercer qualquer função eclesial, como catequista, professor de escola católica, juiz canônico etc.

O decreto de excomunhão é sempre emitido por tempo indeterminado. Assim que o excomungado se arrepender da conduta infracional, suspende-se a punição e a Igreja o acolhe com amor. Em 1988, monsenhor Lefebvre, um bispo ultraconservador, foi excomungado automaticamente (*latae sententiae*), por haver consagrado quatro bispos sem o competente mandato do papa. Infringiu o disposto no cânon 1382:

> O bispo que, sem o mandato pontifício, confere a consagração episcopal e, igualmente, os homens que recebem a dita consagração, incorrem em excomunhão *latae sententiae*, reservada à Santa Sé.

Em 2011, após vários colóquios entre as autoridades do Vaticano e os infratores, o papa Bento XVI levantou a pena de excomunhão dos quatro bispos consagrados por Lefebvre. Esses senhores voltaram a exercer seu ministério episcopal no redil católico.

Normas com caráter exortativo ou conceitual

Não é da índole da lei, estatal ou canônica, definir ou exortar. De fato, a lei tem de apresentar comandos, ordens; é da essência da lei prescrever o comportamento social adequado.

No código canônico, entretanto, existem normas com caráter exortativo e conceitual. Neste diapasão, por exemplo, o cânon 210 *exorta* os fiéis a empenhar suas forças a fim de levar uma vida santa e de promover o crescimento da Igreja e da contínua santificação dela. Não se pode asseverar que esta norma seja jurídica. Cuida-se mais de uma disposição de ordem ascética, cujo cumprimento não pode ser exigido do fiel.

O cânon 879 é um exemplo típico de definição. A lei conceitua o sacramento da crisma. Vamos ver a tradução:

> O sacramento da confirmação [crisma], que imprime caráter, e pelo qual os batizados, continuando o caminho da iniciação cristã, são enriquecidos com o dom do Espírito Santo e vinculados mais perfeitamente à Igreja, fortalece-os e mais perfeitamente os obriga a ser testemunhas de Cristo pela palavra e pela ação e a difundirem e a defenderem a fé.

Os três poderes: legislativo, executivo e judiciário

Estabelece o cânon 135 que o poder na Igreja se distingue em *legislativo, executivo* e *judiciário*. Sem embargo, não ocorre no âmbito eclesial o mesmo que sucede na sociedade política. No Estado, os três poderes são independentes e autônomos. Na Igreja, os três poderes estão concentrados na pessoa do bispo. No Estado, máxime nas sociedades ocidentais, o poder emana do povo, que elege os membros do legislativo e do executivo. Na Igreja, o poder emana de Deus, porquanto a Igreja é uma instituição de origem divina.

De qualquer forma, para bom andamento do governo de sua diocese, o bispo pode delegar os poderes executivo e judiciário. Um clérigo, chamado de vigário-geral, normalmente exerce as funções executivas. Enquanto que outro clérigo, o vigário-judicial, cumpre com as obrigações processuais, de julgamento das lides. O bispo, salvo o papa, bispo de Roma, não pode delegar o poder legislativo (cânon 135, parágrafo 2º), vale dizer, o próprio bispo tem de elaborar as leis de sua diocese.

Na Igreja, então, fala-se mais propriamente de *distinção* de poderes e não de *separação* de poderes, já que o bispo, na condição de sucessor dos apóstolos, goza dos três poderes, de forma plena.

Rescrito e privilégio

O instituto do *rescrito* não existe no ordenamento legal do Estado. O rescrito, atualmente arrolado no código canônico entre os *atos administrativos*, é uma figura proveniente do direito romano.

Segundo o cânon 59, parágrafo 1º, o rescrito consiste num ato administrativo baixado *por escrito* pela autoridade executiva, mediante o qual se concede um privilégio, uma dispensa ou uma graça, a pedido de algum fiel. Tem esse nome de *rescrito*, porque o concedente geralmente registra o teor do ato administrativo, com deferimento ou indeferimento, no verso da própria petição do interessado.

O privilégio, por seu turno, delineado no cânon 76, é um tipo de graça. De fato, o privilégio é como se fosse uma lei particular, promulgada em favor de uma ou mais pessoas, físicas ou jurídicas. O privilégio, *grosso modo* veiculado pelo rescrito, pode ser contrário ao direito ou antecedente da normativa jurídica (*contra vel praeter ius*).

A caridade e a justiça no direito canônico

A justiça, essencial tanto ao direito canônico quanto ao direito do Estado, é a virtude pela qual se dá a cada um o que lhe é devido. Assim, a *justiça* apregoa que um livro pertence a João, enquanto outro livro é de propriedade de André. Já a caridade, mais ampla que a justiça, verbera que as duas obras literárias pertencem a ambos, a João e a André.

Uma peculiaridade bastante relevante no direito canônico é exatamente a virtude teologal da caridade, permeando a elaboração das leis e, principalmente, a atividade dos operadores do direito, mormente dos juízes. Assim, ao julgar um caso concreto, o juiz eclesiástico não levará em conta tão somente a justiça, mas a caridade, o amor cristão. O cânon 1752 sintetiza a injunção jurídica da caridade, ao dispor que a salvação das almas (*salus animarum*), ou seja, o bem maior dos cristãos, é a suprema lei da Igreja (*suprema lex ecclesiae est*).

LEIGOS (OS CATÓLICOS COMUNS)

Numa paróquia, território da diocese sob a autoridade de um pároco (padre-pastor), decerto haverá 99,99% de leigos ou católicos comuns. Um percentual mínimo corresponderá aos padres. A maioria dos membros da Igreja são leigos. Se levarmos em conta a população mundial de católicos, mais de um bilhão de pessoas no orbe terrestre, uns 97%, inequivocamente, correspondem aos leigos.

Na trilha do Concílio Vaticano II, o direito canônico vigente atribui ao leigo um papel bastante ativo. Em seu dia a dia, em família, no trabalho, na política, ele é sempre um evangelizador, em nome da Igreja, não em nome próprio (câ-non 225, parágrafo 2º).

O sacramento do batismo (cânon 96) iguala a todos na Igreja, padres e leigos. Desta feita, consoante se depreende da atual legislação canônica, os leigos, até por constituírem a maioria de integrantes da Igreja católica, são os protagonistas do evangelho, os que levam a boa-nova de Jesus ao mundo. Sua missão mais importante é ser *sal da terra*, no meio do burburinho da sociedade. Entretanto, o direito canônico também prevê a possibilidade de leigos atuarem em âmbito eclesiástico institucional, como, por exemplo, na função de professores de teologia (cânon 229, parágrafo 3º) ou em alguns cargos nas cortes canônicas. Podem e, muitas vezes, devem servir como catequistas e agentes das diversas pastorais (catequese, família, juventude, menor, sofredor de rua etc.).

3

NULIDADE DE CASAMENTO NA IGREJA

Sabemos que o casamento religioso ou canônico é indissolúvel, ou seja, não pode ser rompido. Para a Igreja, então, duas pessoas, um homem e uma mulher, unidas em *matrimônio* (sinônimo de casamento), devem permanecer juntas até a morte. Foi o próprio Jesus Cristo que preceituou a indissolubilidade do vínculo conjugal: "O que Deus uniu o homem não separe" (Mc 10,9).

O código canônico apresenta uma definição muito bonita do matrimônio e confirma a regra da indissolubilidade. Vamos ver a tradução do cânon:

> Cânon 1055. Parágrafo 1º. O pacto matrimonial, mediante o qual um homem e uma mulher constituem uma co-

munhão de vida toda, é ordenado por sua índole natural ao bem dos cônjuges e à geração e à educação da prole e, entre batizados, foi elevado à dignidade de sacramento.

Parágrafo 2º. Portanto, entre batizados, não pode haver contrato matrimonial válido, que não seja ao mesmo tempo sacramento.

Um casamento ou matrimônio não pode ser *anulado*, em virtude da norma de indissolubilidade, que é de direito divino positivo, por ser injunção expressa de Jesus Cristo, o fundador da Igreja católica. Nenhuma autoridade eclesiástica, nem sequer o papa, dispõe de poder de anular um *casamento válido*. Aqui reside o cerne da questão: casamento *válido*. Assim, se o casamento não for válido, é plenamente possível que um tribunal eclesiástico declare a *nulidade* do respectivo casamento.

Para compreendermos um pouco mais profundamente o problema, lembremos que os *ministros* do sacramento do matrimônio (casamento) são os próprios noivos. Não é o padre que *realiza* o casamento. O casamento, na verdade, é efetivado pelos noivos. O noivo administra o sacramento do matrimônio à noiva e vice-versa. A presença do padre na celebração tem um valor tão somente jurídico: ele é uma testemunha qualificada, um representante oficial da Igreja. Vejamos o cânon 1057 em vernáculo:

Parágrafo 1º. O matrimônio é realizado pelo consentimento legitimamente manifestado entre pessoas juridicamente hábeis; este consentimento não pode ser suprido por nenhum poder humano.

Parágrafo 2º. O consentimento matrimonial é o ato de vontade pelo qual o homem e a mulher, por aliança irrevogável, se entregam e se recebem mutuamente para constituir um matrimônio.

Os canonistas costumam dizer que *voluntas fiat matrimonium* (a vontade faz o casamento), exatamente em razão da preponderância do elemento volitivo na celebração do pacto nupcial. Uma vontade viciada ou deturpada torna nulo o casamento. A maioria dos requerimentos de nulidade apreciados pela justiça canônica diz respeito a um defeito na vontade de um dos noivos ou de ambos. A administração (ou *transmissão*) do sacramento do matrimônio ocorre no exato instante em que os noivos estão na igreja, em torno do altar, na presença do padre (testemunha qualificada), das outras testemunhas (padrinhos e madrinhas) e dos convidados, e dizem *sim* à pergunta: "Aceita receber este homem (esta mulher) como seu legítimo marido (legítima esposa)?"

Não há que se falar em *anulação* do casamento. Anular um matrimônio significa desfazer um sacramento inicialmente válido, o que não é possível. O correto, então, é empregar a seguinte expressão jurídica: *declaração de nulidade de um matrimônio*, pois, neste caso, o tribunal eclesiástico, em sentença, atestará que determinado matrimônio é nulo, írrito, vale dizer, na prática, o tal casamento nunca existiu.

Repetimos: somente o casamento válido é indissolúvel! Vejamos as principais situações em que um casamento não é canonicamente válido. Se uma corte canônica declara a nulidade, então, os cônjuges têm o direito de se casar de novo na Igreja. Na verdade, será a primeira vez, porquanto, juridicamente, o casamento nunca existiu; não dispunha do perfil canônico imprescindível para a validade.

EXCLUSÃO DO BEM DA PROLE

Um dos nubentes ou ambos não querem ter filhos. Demos uma olhada no cânon 1101:

> Parágrafo 1º. É presumido que o consentimento interno está de acordo com as palavras ou sinais empregados na celebração do matrimônio.
> Parágrafo 2º. Contudo se uma das partes ou ambas, por ato positivo da vontade, excluem o próprio matrimônio, algum elemento essencial do matrimônio ou alguma propriedade essencial, contraem sem validade.

Fulano se casa, mas, no íntimo, por um ato positivo da vontade, rejeita a possibilidade de ter filhos. Conforme vimos linhas atrás, a prole é um dos objetivos do casamento. Desta feita, suponhamos que 10 anos após a celebração do casamento, a esposa queira ter filhos, entretanto, seu marido lhe diz que jamais pretendeu ser pai e que não quer ser pai. Ora, esta é uma situação que ensejou a nulidade, se o desejo de excluir o bem dos filhos ou da prole já se encontrava presente quando da administração do sacramento, há 10 anos.

Exclusão do bem da fidelidade

Aqui não se admite a exclusividade de um único parceiro sexual. Eis a tradução do cânon 1056:

> As propriedades essenciais do matrimônio são a unidade e a indissolubilidade que, no matrimônio cristão, recebem solidez especial em virtude do sacramento.

Quem exclui ou põe de lado o bem da fidelidade, está decerto excluindo uma propriedade essencial, qual seja, a unidade. Infelizmente, há muitos pedidos de nulidade embasados nessa causa. Por exemplo, o rapaz namora a moça, mas, concomitantemente, mantém *affair* com outra mulher ou com outras mulheres. Durante o noivado, mesmo comportamento! Com essa atitude, adentra-se ao casamento. Quando a esposa descobre, geralmente fica revoltada e quer a separação e, se católica praticante, recorre ao tribunal eclesiástico competente.

Assaz distinta seria a hipótese de duas pessoas que se casam na Igreja, vivem bem ao longo de inúmeros anos, sendo ambas católicas praticantes, que vão à missa todo domingo, contudo, em dado momento, por exemplo, a secretária idosa do marido se aposenta e ele contrata uma jovem, passando a manter com essa mulher relações sexuais. Ocorreu uma fatalidade, digamos. Sem embargo, não se pode asseverar que o casamento seja nulo, uma vez que no ato da celebração a vontade dos dois cônjuges estava imaculada; não havia reserva alguma.

EXCLUSÃO DO MATRIMÔNIO

Conhecida, também, por *simulação total*. Não se deseja o casamento em si; quer-se apenas uma aparência de casamento, para se atingir outro objetivo, como, por exemplo, o *status* social próspero.

Observamos no parágrafo 2º do cânon 1101, transcrito linhas atrás, que se um dos noivos, ou ambos, por um ato positivo da vontade, exclui o próprio matrimônio, contrai invalidamente.

EXCLUSÃO DA INDISSOLUBILIDADE

Os noivos, ou um deles, casam-se, porém admitem a possibilidade de separação e de divórcio. Se o casamento não der certo, nós nos separamos, dizem um ao outro, ou no íntimo de cada qual. Vimos no parágrafo 2º do cânon 1057 que o matrimônio é uma aliança irrevogável.

Erro de qualidade direta e principalmente desejada

Trata-se de uma qualidade na pessoa do outro que passa a fazer parte da própria personalidade, uma característica que efetivamente identifica o parceiro. Leiamos a tradução do cânon 1097, parágrafo 2º:

> O erro de qualidade de pessoa, embora seja causa do contrato, não torna nulo o matrimônio, salvo se essa qualidade for direta e principalmente desejada.

Vamos tentar dar um exemplo. Eu me caso com uma mulher, porque se trata de uma pessoa extremente educada. É uma educação requintada mesma, completamente diferente de qualquer urbanidade básica. Só consigo ver minha mulher com esse perfil de educação finíssima. Para mim, esse apanágio faz parte da personalidade dela. Não me casaria, se ela não fosse uma mulher tão educada assim. Sempre sonhei me casar com uma pessoa com essas características. Depois de celebrado o casamento, contudo, essa mulher muda da água para o vinho. Transforma-se num ser descaridoso e completamente impolido. É uma hipótese de nulidade.

Advirto, no entanto, que não é fácil provar em juízo a causa de nulidade em apreço.

Violência ou medo

Alguém constrange outra pessoa a convolar núpcias ou, então, surge o denominado temor reverencial, que se traduz num respeito exacerbado pela vontade dos pais. Exemplo: uma gravidez inesperada faz com que o pai obrigue moralmente a filha a se casar, "para não ficar desonrada". Vamos dar uma espiada na tradução do cânon 1103:

> É inválido o matrimônio contraído por violência ou medo grave proveniente de causa externa, ainda que incutido não de propósito, para se livrar do qual alguém seja forçado a escolher o matrimônio.

É óbvio que se o pai da noiva deliberadamente ameaça de morte o futuro genro, caso este desista do compromisso nupcial, o casamento é cristalinamente nulo. A vontade manifesta na celebração se encontrava cabalmente distorcida.

Grave falta de discrição de juízo

Deparamo-nos, neste instante, com uma causa responsável pela nulidade de muitos casamentos hoje. *Falta de discrição de juízo* quer dizer uma imaturidade grave em ambos os cônjuges, ou num deles, que impede a assunção dos encargos inerentes ao matrimônio.

Geralmente, sabemos que estamos em face de tal anomalia, quando vemos recém-casados que vivem brigando. O marido não consegue abandonar a vida de solteiro; quer continuar saindo com os amigos sábados à tarde. A mulher não cumpre nenhuma tarefa comezinha do lar etc.

Eis o que reza o cânon 1095, 2º:

> São incapazes de contrair matrimônio:
> 2º os que têm grave falta de discrição de juízo a respeito dos direitos e obrigações essenciais do matrimônio, que se devem mutuamente dar e receber.

O cânon acima transcrito é fruto do labor da jurisprudência dos tribunais eclesiásticos dos Estados Unidos que, nas décadas de 60 e 70, com o avanço da chamada psicologia do profundo, passou a declarar a nulidade em situações nas quais não havia a maturidade mínima para a vida a dois. O código canônico vigente, promulgado em 1983, encampou essa praxe e pô-la como norma legal.

ALGUMAS OBSERVAÇÕES IMPORTANTES SOBRE O PROCESSO DE NULIDADE DE CASAMENTO

É verdadeiramente um processo judicial, com o contraditório. Não basta alegar uma causa de nulidade. É preciso provar em juízo que essa anomalia estava de fato presente no casamento *in radice*, isto é, no ato de celebração do sacramento. O meio de prova mais comum nesse jaez de processo canônico é o testemunhal. De fato, sempre há pessoas que viram ou ouviram algo relacionado ao casamento em julgamento. Por exemplo, a testemunha relata que o marido lhe disse que casaria somente porque a mulher estava grávida. Ou, ainda, a testemunha conta que toda vez que ia à casa das partes (demandante e demandado; autor e réu) presenciava brigas e discussões; o casal vivia às turras. Nada obsta, contudo, outro tipo de prova: documentos, cartas, filmes. É muito comum o laudo psicológico nas causas de nulidade em virtude da grave falta de discrição de juízo.

Segundo dispõe o cânon 1060, o matrimônio goza do favor do direito. Desse modo, se não houver clareza nos autos com referência à invalidade do casamento, não se pode, em hipótese alguma, declarar a nulidade.

Atua em todo processo de nulidade uma figura importante, chamada de defensor do vínculo. Normalmente é um clérigo, doutor em direito canônico, que tudo fará para tutelar o bem da indissolubilidade, demonstrando quaisquer óbices à tese de que o casamento concreto é inválido. Na verdade, o contraditório se estabelece mesmo entre os cônjuges e o defensor do vínculo. Todavia, nada impede que uma das partes no processo (o marido ou a mulher) não concorde com a afirmação de que o casamento é nulo e lute para provar a higidez do vínculo.

Por fim, devemos dizer que um processo de nulidade de matrimônio é um expediente judicial bastante sério, revestido de todos os rigores de um processo civil ou estatal. O acordo diplomático celebrado entre o Brasil e a Igreja católica, em seu artigo 12, prevê o pedido de homologação de sentença eclesiástica de caráter matrimonial.

A) Mudanças processuais

Em 2015, o papa Francisco expediu a carta apostólica *Mitis Iudex Dominus Iesus*, dando nova redação a alguns cânones do direito processual canônico. Destarte, alteraram-se os cânones 1671 a 1691 do CIC, integrantes do capítulo "Das causas para a declaração de nulidade do matrimônio".

Uma das principais mudanças promovidas pelo supremo legislador diz respeito à extinção do "apelo obrigatório" ou recurso *ex officio* em face das sentenças que declaram a nulidade do casamento. Antes das alterações de 2015, toda sentença que decretasse a nulidade do casamento era obrigatoriamente revista pelo tribunal superior. Somente depois de confirmada pela corte *ad quem*, a sentença podia ser executada, autorizando-se os interessados a contraírem novas núpcias. Agora, cabe a algum dos cônjuges e, principalmente, ao defensor do vínculo, interpor o recurso de apelação, se se objetivar a reforma da sentença de nulidade.

Outra inovação importante tange ao processo mais breve (*brevior*). Utilizar-se-á tal expediente se houver provas robustas da nulidade do matrimônio. Assim, por exemplo, a concordância das versões narradas pelo marido e pela mulher passa a encarar-se com substancial credibilidade jurídica, dispensando, até mesmo, a oitiva de testemunhas.

Não nos esqueçamos, também, que o pontífice romano exorta os operadores do direito a que, a despeito da nova legislação, não descurem do dogma da indissolubilidade do matrimônio válido e consumado. O casamento válido e consumado não pode ser anulado ou declarado nulo, nem sequer pelo poder das chaves de que goza o sucessor de são Pedro. Surge, então, novíssimo papel do defensor do vínculo, incumbido de apelar contra qualquer sentença desprovida de fundamentação fática, autêntica ameaça ao matrimônio indissolúvel.

Por fim, na mencionada carta apostólica, o vigário de Cristo admoesta a justiça eclesiástica à gratuidade de custas. O ideal seria que as custas processuais não fossem dispendiosas. De qualquer forma, não se há de negar justiça aos pobres, a fim de que ninguém jamais diga *curia pauperibus clausa est* (o tribunal está fechado para os pobres).

4

COMENTÁRIOS SOBRE O ACORDO BRASIL-SANTA SÉ

1. O ACORDO BRASIL-SANTA SÉ. SÍNTESE DO PACTUADO

Aos 11 de fevereiro de 2010 foi promulgado um acordo celebrado entre o Brasil e o Vaticano (Santa Sé). A data é emblemática, pois há exatos 81 anos, no dia 11 de fevereiro de 1929, a Itália e a Igreja selavam um pacto fundamental, o chamado "tratado de Latrão", reconhecendo-se a soberania da cidade do Vaticano.

Uma avença de direito internacional que possua a Igreja católica num dos polos doutrinariamente recebe o nome de "concordata". No entanto, em nosso caso, preferiu-se a simples denominação de "acordo", para a veiculação de 20 artigos que intentam pormenorizar e esclarecer algumas das relações institucionais básicas entre o Brasil e a Igreja. Na verdade, o Decreto 119-A, de 7 de janeiro de 1890, através do qual se proclamou a república, já salvaguardava a independência da Igreja e de outros credos em face do Estado.

Os assuntos regidos no acordo em apreço em nada contrariam o ordenamento jurídico de nosso país. O real objetivo é apenas facilitar o fluxo legal e burocrático dos interesses recíprocos entre as entidades eclesiásticas e os diversos organismos estatais.

Neste primeiro artigo, quero salientar alguns dos aspectos do fausto acordo. Ei-los: 1) Títulos acadêmicos. O artigo 9º abre a possibilidade de um reconhecimento recíproco de diplomas de graduação e pós-graduação obtidos quer no Brasil, quer numa universidade vinculada diretamente à autoridade da Igreja. 2) Casamento. Pelo acordado (artigo 12), as sentenças de nulidade de matrimônio, proferidas pelos tribunais eclesiásticos, podem, em tese, ser ratificadas pelo poder judiciário brasileiro, mediante o procedimento de homologação de sentenças estrangeiras. 3) Ingresso de missionários estrangeiros no país. O artigo 17 faculta aos bispos convidar sacerdotes que não tenham a nacionalidade brasileira para virem evangelizar no Brasil, bem como solicitar em benefício desses mesmos padres o visto permanente ou temporário. 4) Patrimônio histórico. Conforme o ultimado entre o Brasil e a Santa Sé, o Estado tem de proteger o patrimônio histórico, artístico e cultural da Igreja, que constitui parte relevante do patrimônio cultural brasileiro. 5) Ensino religioso. Repetindo as disposições da própria constituição, o acordo, no artigo 11, pugna pela garantia do ensino religioso nos horários normais das escolas públicas de nível fundamental. 6) Assistência espiritual aos internos. Visando cumprir uma das missões mais nobres da Igreja, o acordo, consoante preceitua o artigo 8º, garante a presença de clérigos e de leigos nos estabelecimentos de saúde e prisionais, dentre outros.

Não há dúvida de que o festejado acordo vai tornar mais dinâmica a ação evangelizadora da Igreja no Brasil. Esperemos que os 20 artigos sejam rapidamente postos em prática e que, quando se fizer necessário, a teor do artigo 18, realizem-se ajustes e convênios para a plena viabilização do acordado.

2. AS PESSOAS JURÍDICAS MENCIONADAS NO ARTIGO 3º DO ACORDO BRASIL-SANTA SÉ

Vamos dar continuidade à explicação encetada na reflexão anterior sobre as instituições referidas no artigo 3º do benfazejo pacto ultimado entre o Brasil e a Igreja católica, representada pela Santa Sé.

Na última aparição neste periódico, dissertamos acerca da "conferência episcopal", da "província eclesiástica" e da "diocese" ("arquidiocese"). Neste comenos, auguramos expor a doutrina canônica relativamente à "prelazia territorial" e à "prelazia pessoal", bem como a propósito do "vicariato" ou "prefeitura apostólica".

Prossigamos com a divisão em letras, já empregada na reflexão próxima passada. A seguinte é a letra dê.

Prelazia territorial

A "prelazia territorial", "prelatura territorial" ou, ainda, "abadia territorial", é uma instituição semelhante à diocese. Cânon 370: "A prelatura territorial ou abadia territorial é determinada porção do povo de Deus, territorialmente circunscrita, cujo cuidado, por circunstâncias especiais, é confiado a um prelado ou abade, que a governa como próprio pastor dela, à semelhança do bispo diocesano".

Prelazia pessoal

A "prelazia pessoal", por seu turno, é uma organização tipicamente canônica. A mais famosa e atuante é a Prelazia Pessoal do *Opus Dei*, inspirada por são José Maria Escrivá. Preceitua o cânon 294: "Para promover uma adequada distribuição dos presbíteros ou para realizar especiais atividades pastorais ou missionárias em favor de várias regiões ou de diversas classes sociais, podem ser erigidas pela sé apostólica, prelazias pessoais, compostas de presbíteros e de diáconos do clero secular, devendo ser ouvidas as conferências episcopais interessadas".

Vicariato ou prefeitura apostólica.

São a mesma realidade jurídica: "vicariato" ou "prefeitura apostólica". Com efeito, reza o cânon 371, parágrafo 1º: "O vicariato apostólico ou a prefeitura apostólica é certa porção do povo de Deus que, por circunstâncias especiais, ainda não é diocese e se confia a um vigário apostólico ou a um prefeito apostólico, como a seu pastor, que governa em nome do sumo pontífice".

O grande mister cometido à Subcomissão n. 1 implica exatamente tornar factível o reconhecimento da personalidade civil das instituições acima elencadas. Como fazê-lo no dia a dia forense, na rotina dos cartórios e bancos, porque, embora o artigo 3º esteja claro quanto ao reconhecimento, existe a necessidade de ulterior regulamentação?

Todos esses pontos foram examinados e ainda estão sendo devidamente estudados. Recentemente, a editora LTr lançou o livro "Acordo Brasil-Santa Sé comentado". A obra, coordenada por dom Baldisseri, ex-núncio apostólico, e por dr. Ives Gandra da Silva Martins Filho, analisa, um a um, os 20 artigos do acordo.

Nossa esperança é que o acordo diplomático pactuado com a Santa Sé seja objeto de estudo nas universidades católicas, nas faculdades e institutos de teologia, nos institutos de direito canônico e, principalmente, nos cursos jurídicos que formam os advogados, os juízes e os promotores, pois o assunto em tela deve ser objeto da disciplina "direito internacional público".

3. As pessoas jurídicas mencionadas no artigo 3º do acordo Brasil-Santa Sé (2)

Examinemos as sete últimas pessoas jurídicas eclesiásticas referidas no artigo 3º do acordo Brasil-Santa Sé.

Administração apostólica. Cuida-se de uma porção do povo de Deus não erigida em diocese. Com efeito, reza o cânon 371, § 2º: "A administração apostólica é certa porção do povo de Deus que, por razões especiais e particularmente graves, não é erigida pelo sumo pontífice como diocese e cujo cuidado pastoral é confiado a um administrador apostólico, que governa em nome do sumo pontífice".

Administração apostólica pessoal. Um exemplo deste tipo de entidade é a Administração Apostólica Pessoal São João Maria Vianney. Este grupo, formado por padres e leigos que têm restrições ao Concílio Vaticano II, fez um acordo com a Santa Sé e passou a aceitar as orientações do sacrossanto Concílio, obtendo, assim, a autorização para celebrar a missa em latim.

Missão *sui iuris*. Uma missão *sui iuris*, ou também conhecida como *missão autônoma*, destina-se a localidades onde há poucos católicos. Estas missões não são transformadas em prefeituras apostólicas, por falta de clérigos. Este jaez de missão goza de autonomia administrativa. Estão a cargo da Congregação para a Evangelização dos Povos.

Ordinariado militar. Rege-se o ordinariado militar por lei esparsa. Assemelha-se a uma prelazia pessoal ou Igreja particular e visa o cuidado pastoral dos militares na caserna.

Paróquia. É uma parcela da diocese. Destarte, estatui o cânon 515, § 1º: "Paróquia é determinada comunidade de fiéis, constituída estavelmente na Igreja particular, cujo cuidado pastoral é confiado ao pároco como seu pastor próprio, sob a autoridade do bispo diocesano".

Instituto de vida consagrada. São os fiéis que, por meio dos votos (promessas feitas a Deus), professam os conselhos evangélicos de castidade, pobreza e obediência. Prescreve o cânon 573, § 2º: "Assumem livremente essa forma de vida [a vida consagrada] nos institutos de vida consagrada, canonicamente erigidos pela autoridade competente da Igreja, os fiéis que, por meio dos votos ou de outros vínculos sagrados, conforme as leis próprias dos institutos, professam os conselhos evangélicos de castidade, pobreza e obediência e, pela caridade à qual esse comportamento conduz, unem-se de modo especial à Igreja e ao mistério dela".

Sociedade de vida apostólica. É uma pessoa jurídica bastante similar ao instituto de vida consagrada, diferençando-se, basicamente, pela não emissão de votos. Eis o preceito do cânon 731: "Dos institutos de vida consagrada aproximam-se as sociedades de vida apostólica, cujos membros, sem os votos religiosos, buscam a finalidade apostólica própria da sociedade e, levando vida fraterna, segundo o próprio modo, tendem à perfeição da caridade, pela observância das constituições".

A variedade de organismos eclesiásticos que, pelo acordo, passam a fruir de reconhecimento civil, denota a riqueza de interação da Igreja com a sociedade, uma vez que as pessoas jurídicas analisadas são um portentoso instrumento, quer de santificação, quer de evangelização.

4. O ARTIGO 5º: IMUNIDADE E FILANTROPIA

Para dar ao leitor uma ideia do disposto no artigo 5º do acordo, fio-me na exímia interpretação e no excelente magistério do prof. Ives Gandra da Silva Martins, veiculados no livro "Acordo Brasil-Santa Sé Comentado" (LTR, 2012, Organizadores: Lorenzo Baldisseri e Ives G. M. Filho, páginas 193 e ss.). Primeiramente, cumpre salientar que o artigo 5º, juntamente com os artigos 3º (já tratado nesta seção) e 15, constituem objeto do labor da Subcomissão n. 1.

Reza o artigo 5º: "As pessoas jurídicas eclesiásticas, reconhecidas nos termos do artigo 3º, que, além de fins religiosos, persigam fins de assistência e solidariedade social, desenvolverão a própria atividade e gozarão de todos os direitos, imunidades, isenções e benefícios atribuídos às entidades com fins de natureza semelhante previstos no ordenamento jurídico brasileiro, desde que observados os requisitos e obrigações exigidos pela legislação brasileira". É importante frisar a teleologia da entidade: além do escopo religioso, objetiva-se um desiderato social. Por terem esse desígnio filantrópico, prestando um altíssimo serviço à comunidade, as instituições declinadas no artigo 3º fruem das benesses ora estipuladas no acordo.

As faculdades ou prerrogativas das pessoas jurídicas eclesiásticas não configuram privilégio. Ouçamos o prof. Ives Gandra: "O importante (...) é demonstrar não ter havido qualquer privilégio à Igreja Católica, ao assegurar o Tratado a disciplina das imunidades de seus artigos 15 e 5º (...)" (Ob. citada, p. 215 e 216). Por que, então, a inclusão desse artigo 5º? Responde o insigne docente: "(...) a expressa inclusão ao texto do Tratado outorga-lhe força adicional, nada obstante pelo regime da Lei Suprema, na exegese do Pretório Excelso, o Tratado ingressar no ordenamento nacional como lei ordinária especial" (Ob. citada, p. 215). O propósito da inserção de uma realidade jurídico-fática que encontra guarida na constituição federal é reforçar o preceito, torná-lo límpido e cristalino, facilitando, assim, o quotidiano das relações entre as entidades da Igreja e os variegados órgãos estatais. Demais, como nota Ives Gandra, a colocação dessas entidades "(...) afasta, para intérpretes menos avisados, quaisquer veleidades exegéticas" (Ob. citada, página 216). No fundo, nesse aspecto, o pacto Brasil-Santa Sé repete o disposto na *charta magna*, particularizando as hipóteses constitucionais que regulam as pessoas eclesiásticas. Certamente, podemos afirmar que o benfazejo acordo é um item do chamado "direito eclesiástico", entendido como o ramo do direito constitucional que rege as operações entre a Igreja e o Estado.

Na próxima reflexão, explicarei o teor do artigo 15 do acordo, assaz atrelado juridicamente ao ora explanado artigo 5º. Desta feita, fechar-se-á o ciclo de competência da Subcomissão n. 1. Na sequência, pretendo dar vazão a outros pontos sumamente interessantes do tratado, como, por exemplo, o reconhecimento recíproco de títulos de graduação e de pós-graduação.

A intenção desses artigos é tornar o acordo conhecido do povo de Deus. Notadamente os advogados e juristas católicos têm de se familiarizar com as disposições do acordo, a fim de oferecerem um adminículo utilíssimo às comunidades, às paróquias, às organizações que não sabem exatamente como agir em certas circunstâncias.

5. A imunidade tributária da Igreja

Esta reflexão fecha o ciclo da temática afeta à Subcomissão n. 1. Nos textos vindouros, expenderemos outros assuntos regidos pelo acordo, principiando pelo problema do reconhecimento dos títulos acadêmicos.

Reza o artigo 15 do pacto Brasil-Santa Sé, que cuida exatamente da imunidade tributária de certas entidades da Igreja: "Às pessoas jurídicas eclesiásticas, assim como ao patrimônio, renda e serviços relacionados com suas finalidades essências, é reconhecida a garantia de imunidade tributária referente aos impostos, em conformidade com a Constituição brasileira. Parágrafo 1º Para fins tributários, as pessoas jurídicas da Igreja Católica que exerçam atividade social e educacional sem finalidade lucrativa receberão o mesmo tratamento e benefícios outorgados às entidades filantrópicas reconhecidas pelo ordenamento jurídico brasileiro, inclusive, em termos de requisitos e obrigações exigidos para fins de imunidade e isenção".

Comentando esse artigo, dom Baldisseri diz que "o texto, mais uma vez, lança no cenário jurídico internacional uma norma que o poder civil brasileiro já havia estabelecido na sua Constituição, e com abrangência de todas as religiões" (Diplomacia Pontifícia, p. 117). Deveras, a Constituição Federal determina que é defeso ao Estado instituir impostos sobre templos de qualquer culto (art. 150, VI, b). O ordenamento jurídico de nosso país prevê três espécies de tributo: imposto, taxa e contribuição de melhoria (art. 145 da Constituição Federal). Desta feita, por exemplo, não se pode cobrar IPTU, um imposto municipal, de um templo religioso, ou seja, do edifício onde se celebra oficialmente a liturgia religiosa. Neste sentido, está imune do aludido imposto assim a Catedral da Sé em São Paulo como uma igreja calvinista da região meridional. Segundo o prof. Ives Gandra da Silva Martins, não estão imunes de quaisquer impostos, devendo, portanto, carreá-los ao erário, os chamados "cultos demoníacos" e as "seitas que exploram a população" (Acordo Brasil-Santa Sé Comentado, p. 198 e 199). De qualquer modo, note-se que a imunidade é mais fundamental que a isenção, pois esta se encontra na lei, enquanto aquela é estatuída na Constituição da República.

O constituinte não se restringiu à imunidade de imóveis. Destarte, o parágrafo 1º do acordo Brasil-Santa Sé considera o disposto no artigo 150, VI, c da Constituição, que proíbe o Estado de criar impostos sobre o patrimônio, a renda e os serviços de diversas pessoas jurídicas, entre as quais "as instituições de educação e de assistência social sem fins lucrativos, atendidos os requisitos da lei". Nestas mencionadas instituições, há diversos órgãos da Igreja católica.

A razão de o Estado conferir imunidade a certas pessoas jurídicas é exatamente a contrapartida que essas pessoas ofertam à comunidade, como explana o prof. Gandra Martins: "A Constituição Federal visa a proteger certas entidades que concretizam a solidariedade social e humana" (Acordo Brasil-Santa-Sé Comentado, p. 205).

Longe dos ufanismos malsãos, é impossível não enxergar em incontáveis instituições eclesiásticas o contributo secular à sociedade, sobreposse às camadas pobres. Ao não exigir impostos do patrimônio, da renda e dos relevantes serviços prestados à população por organismos eclesiais, o Estado faz apenas recrudescer o bem-estar do povo em geral.

6. Títulos acadêmicos

O pacto ultimado entre o Brasil e o Vaticano prevê a possibilidade de reconhecimento recíproco de títulos acadêmicos, de graduação e de pós-graduação. Com efeito, eis a íntegra do artigo 9º: "O reconhecimento recíproco de títulos e qualificações em nível de Graduação e de Pós-Graduação estará sujeito, respectivamente, às exigências dos ordenamentos jurídicos brasileiro e da Santa Sé".

A Igreja católica criou a universidade!, inventou-a, digamos assim. Fê-lo na alta idade média, época que já foi injustamente tachada de período caliginoso da história. Ora, desde sua fundação, há dois mil anos, a Igreja se volta ao ser humano, auscultando as angústias e esperanças dele (*Lumen Gentium*, n. 1). Nada mais razoável que uma instituição perita em humanidades (*Populorum Progressio*, n. 13) goze do reconhecimento universal dos títulos acadêmicos expedidos por ela através das universidades católicas e eclesiásticas. Não se trata de privilégio, mas da confirmação de um direito legítimo e inalienável.

Sem embargo, a letra do artigo sob exame, em princípio, parece tímida. Não haveria novidade nenhuma; chove-se no molhado, como se diz popularmente, ao se estabelecer que têm de ser respeitadas as legislações da Santa Sé e do Brasil. Isto não é o óbvio? Perguntaria o observador incauto. De fato, a novidade mesma reside na inclusão da locução "reconhecimento recíproco" nesse artigo 9º, que, a meu ver, dá ensanchas a um futuro convênio regulamentar para o reconhecimento automático dos diplomas e títulos acadêmicos. A propósito, eis o que reza o artigo 18 do acordo: "O presente acordo poderá ser complementado por ajustes concluídos entre as Altas Partes Contratantes. Parágrafo 1º. Órgãos do Governo brasileiro, no âmbito de suas respectivas competências, e a Conferência Nacional dos Bispos do Brasil, devidamente autorizada pela Santa Sé, poderão celebrar convênio sobre matérias específicas, para implementação do acordo". Creio que para ser implementada a figura jurídica do reconhecimento recíproco direto e automático, será mister um convênio bilateral entre o Brasil e o Vaticano.

No Brasil, malgrado a universidade em si tenha surgido tardiamente, há instituições de primeira linha, como, por exemplo, as diversas PUCs espalhadas pelo território nacional. Num momento preliminar, é importante que sejam reconhecidos os diplomas em teologia, filosofia e direito canônico, exarados pelas chamadas universidades eclesiásticas situadas em Roma. Atualmente, o portador de um diploma emitido por uma universidade romana tem de passar pelo processo de convalidação ou revalidação.

Com o transcurso dos anos, é claro, e graças ao labor inconcusso dos especialistas, o acordo Brasil-Santa Sé abundará em frutos assaz benéficos. Essas benesses serão colhidas não só pelos católicos, membros da Igreja, mas por toda a sociedade, que muito lucrará com a dinamicidade de uma instituição bimilenar que, no Brasil, tem tradicionalmente assistido os vários estratos sociais, mormente os pobres, soerguendo-os e dignificando-os.

7. O ENSINO RELIGIOSO

Constituição federal:

Artigo 210. São fixados conteúdos mínimos para o ensino fundamental, de maneira a assegurar formação básica comum e respeito aos valores culturais e artísticos, nacionais e regionais.

§ 1º. O ensino religioso, de matrícula facultativa, constituirá disciplina dos horários normais das escolas públicas de ensino fundamental.

A constituição enaltece o ensino religioso. De fato, encontramo-nos diante de norma materialmente constitucional. Amiúde costuma-se afirmar que o conteúdo próprio da constituição se restringe à salvaguarda dos direitos individuais e à divisão dos poderes (legislativo, executivo e judiciário). Entretanto, se levarmos em consideração o preâmbulo da atual carta política, verificaremos que os legisladores invocaram Deus e, conseguintemente, ao menos do ponto de vista formal, certo espírito religioso permeou as atividades do poder constituinte originário.

Além do aspecto referido no parágrafo anterior, é fato notório a religiosidade do povo brasileiro, composto maciçamente por cristãos (católicos e evangélicos). Assim, o legislador supremo não olvidaria esse dado importante da cultura nacional. Explica Jorge Otaduy:

> A cultura religiosa que se aspira transmitir por meio deste particular ensino não constitui, sem embargo, uma parcela independente ou insulada, mas integrada no conjunto dos outros conhecimentos, aberta à relação e ao diálogo com todas as ciências. O ensino religioso escolar deve ser um instrumento de ajuda para se compreender o mundo e para entender-se o homem a si mesmo.[1]

O Estado laico não opta por determinada religião, porém tutela o direito dos crentes de professarem a religião que quiserem, conquanto não se profliguem a moralidade pública e

---

[1] Otaduy, Jorge. *Diccionario General de Derecho Canónico* (orgs.: Javier Otaduy, Antonio Viana e Joaquim Sedano). Volume III, Universidade de Navarra, Navarra, 2012, p. 613.

a paz social. Com efeito, há limites. Acerca deste assunto alumia-nos sobremaneira a declaração *Dignitatis Humanae*, do Concílio Vaticano II:

> O direito à liberdade em assunto religioso se exerce na sociedade humana. Por isso, seu uso está sujeito a certas normas moderadoras. No uso de todas as liberdades, há de salvaguardar-se o princípio moral da responsabilidade pessoal e social: no exercício dos seus direitos, o homem, individualmente, e os grupos sociais estão obrigados por lei moral a levar em conta tanto os direitos dos outros quanto seus deveres para os outros, quanto, ainda, o bem comum de todos. Com todos deve-se proceder segundo a justiça e a humanidade (n. 7).

Assim, por óbvio, a autoridade estatal possui o dever de intervir toda vez que se verificar o abuso no exercício do direito à liberdade religiosa. Com efeito, dão-se a cotio certas atitudes pseudorreligiosas, as quais não raramente se subsomem a tipos penais, como, por exemplo, o charlatanismo, perpetrado por quem vê na religião apenas "capital simbólico", suscetível de vultoso lucro financeiro. Deveras, estas degenerescências tornam ainda mais premente a implementação do currículo religioso em todas as escolas públicas brasileiras. Neste sentido, também se pronuncia o Concílio Vaticano II:

> Aos pais, porém, lembra a grave tarefa, que é a sua, de tudo disporem e mesmo exigirem que seus filhos possam valer-se daquela assistência e desenvolver a formação cristã em harmonioso progresso com a profana. Enaltece, por isso, a

Igreja aquelas autoridades e sociedades civis que, em vista do pluralismo da sociedade hodierna e com o fim de cuidarem da devida liberdade religiosa, ajudam as famílias para que a educação dos filhos possa transmitir-se em todas as escolas segundo os princípios morais e religiosos das famílias.[2]

O ensino religioso, contudo, cumpre, na sociedade, papel extremamente relevante. Afirmou o papa são João Paulo II que "(...) o verdadeiro significado da existência é ultraterreno e que as realidades mundanas e corpóreas adquirem autêntico valor somente na perspectiva da eternidade".[3]

Eis o que reza a Declaração Universal dos Direitos Humanos, da ONU, a respeito do tema deste capítulo:

Artigo 26.

I) Todo o homem tem direito à instrução. A instrução será gratuita, pelo menos nos graus elementares e fundamentais. A instrução elementar será obrigatória. A instrução técnico-profissional será acessível a todos, bem como a instrução superior, esta baseada no mérito.

II) A instrução será orientada no sentido do pleno desenvolvimento da personalidade humana e do fortalecimento do respeito pelos direitos do homem e pelas liberdades fundamentais. A instrução promoverá a compreensão, a tolerância e amizade entre todas as nações e grupos raciais ou religiosos, e coadjuvará as atividades das Nações Unidas em prol da manutenção da paz. (grifos nossos)

---

[2] Declaração *Gravissimum Educationis*, n. 7b.
[3] São João Paulo II. *Insegnamenti di Giovanni Paolo II*, Libreria Editrice Vaticana, Vaticano, 1987, p. 216.

III) Os pais têm prioridade de direito na escolha do gênero de instrução que será ministrada a seus filhos.

Ora, só o ensino religioso tem o condão de fortalecer esse clima de amizade e entendimento entre as raças e os crentes das variegadas confissões. No Brasil, majoritariamente cristão (90%), as doutrinas hauridas das inúmeras denominações forjarão a sociedade baseada no diálogo e na mútua compreensão, porquanto estes valores se alojam no cerne do cristianismo.

As constituições pretéritas igualmente disciplinaram a temática em apreço. José Cretella Júnior historia o regramento do ensino religioso:

> Os textos constitucionais falam por si mesmos. Em primeiro lugar, a tolerância religiosa no Brasil. Respeito às crenças e às religiões. Nas escolas privadas, mesmo no império, o ensino religioso é livre, se bem que a colocação da coroa fosse para a Igreja católica. A escola laica é implantada em 1891. E, assim, nas escolas públicas, nenhuma religião é ensinada. Em 1934, o ensino religioso ultrapassou o âmbito do ensino fundamental e, nas escolas públicas, atingirá as do grau secundário, profissional e normal. Em 1937, também, mas os professores não são obrigados a esse ensino e nem os alunos são compelidos à frequência, livre esta a ambos. A constituição de 1946 alude a escolas oficiais, mas não fala do grau de ensino, ressalvando, porém, a liberdade de culto, que será ministrado conforme a confissão religiosa do educando. As cartas políticas de 1967 e 1969 aludem, de modo claro, às escolas oficiais de grau primário e médio,

mas de matrícula facultativa, inserida nos horários normais de aulas do currículo. Em 1988, de matrícula facultativa, o ensino religioso constitui disciplina dos horários normais das escolas públicas apenas no ensino fundamental.[4]

A cabeça (*caput*) do artigo 210

É em congruência com a cabeça do artigo que temos de proceder à inteligência do parágrafo 1º. Se comparássemos com a criação (natureza), as cabeças dos artigos jurídicos são os troncos das árvores; os parágrafos, incisos etc. são os esgalhos. Eliminado o tronco, a árvore ruirá.

O ensino religioso do parágrafo 1º se encontra diretamente relacionado aos valores culturais e artísticos, isto é, através do ensino religioso, o constituinte quis inculcar os referidos valores. Demais, religião, cultura e arte sempre estiveram de mãos dadas. A religião se materializa nas diferentes culturas e se comunica sobremaneira mediante a arte. A propósito, a arte sacra ou religiosa é uma das mais apuradas e requintadas.

Célio Borja exibe entendimento diverso. Para esse jurista, o disposto na cabeça do artigo 210 não pode ser estendido como requisito ao ensino religioso, pois os mencionados valores (cultura e arte) "(...) não se confundem com a religião, nem conceptual nem juridicamente".[5] Consoante a avaliação de Borja, tais valores são imanentes por definição filosófica

---

[4] Cretella Jr., José. *Comentários à Constituição de 1988*. Volume VIII. Forense Universitária, Rio de Janeiro, 1993, p. 4420 e 4421.

[5] Borja, Célio. *Acordo Brasil – Santa Sé Comentado* (orgs.: Lorenzo Baldisseri e Ives Gandra M. Filho). Editora LTR, São Paulo, 2012, p. 310.

e constitucional.[6] Tal ponto de vista não é exato, porque a religião é, ao mesmo tempo, transcendente e imanente. A Santíssima Trindade é imanente nas processões das três Pessoas e transcendente na revelação divina. Na encarnação do Verbo, Jesus tornou-se imanente na história. A religião cristã se incultura e aproveita o que é bom em cada sociedade.

Na verdade, a mais acurada interpretação dos textos das leis é a que se denomina de "interpretação sistemática". Não nos é lícito insular os dispositivos da constituição, como se não tivessem relação uns com os outros ou com alguns princípios fundamentais que norteiam o conjunto da carta política ou determinados setores dela. Roque Carrazza cunhou a seguinte definição de princípio jurídico:

> Segundo nos parece, princípio jurídico é um enunciado lógico, implícito ou explícito, que, por sua grande generalidade, ocupa posição de preeminência nos vastos quadrantes do direito e, por isso, vincula de modo inexorável, o entendimento e a aplicação das normas jurídicas que com ele se conectam.[7]

Roque Carrazza, nas trilhas de Carlos Ayres Britto, abona a interpretação sistemática:

> Daí este publicista [Britto] preconizar o emprego preferencial do método exegético que há nome *sistemático*, com o que o intérprete é conduzido aos patamares dos princípios jurídicos constitucionais, que, mais do que simples regras de comando, "são ideias

---

[6] *Ibidem.*
[7] Carrazza, Roque. *Curso de Direito Constitucional Tributário*, editora Revista dos Tribunais, São Paulo, 1991, páginas 25 e 26.

matrizes dessas regras singulares, vetores de todo conjunto mandamental, fontes de inspiração de cada modelo deôntico, de sorte a operar como verdadeiro critério do mais íntimo significado do sistema como um todo e de cada qual de suas partes".[8]

O ensino religioso: um dos antídotos contra a violência

No Brasil e, particularmente em alguns estados, a violência recrudesce de forma avassaladora. Na monumental encíclica *Evangelium Vitae*, o papa são Paulo VI, após esconjurar a "cultura de morte" impregnada na sociedade, propunha a "virada cultural". Eis as palavras do sumo pontífice, tão atuais:

> O primeiro e fundamental passo para realizar esta virada cultural consiste na formação da consciência moral acerca do valor incomensurável e inviolável de cada vida humana (n. 96).

Parece claro que Deus foi alijado do convívio social. Se na rua indagarmos qualquer indivíduo a respeito da crença em Deus, é bem provável que a reposta seja afirmativa. Os casos de ateísmo teórico decerto correspondem a número diminuto. No entanto, penetrou certo ateísmo prático na sociedade contemporânea. Os valores religiosos, máxime a ideia da criação do homem à imagem e semelhança de Deus, não contam mais na hora de se tomar a decisão interpessoal. Daí o quadro de terror da atualidade! Deveras, conforme escreveu Fiódor

---

[8] *Ibidem*, p. 29.

Dostoéviski, no livro "Irmãos Karamázov", "se Deus não existe, tudo é permitido": matar por qualquer motivo, chacinar, roubar, estuprar, ameaçar, corromper etc.

Não há dúvidas de que a injustiça social é uma das causas precípuas da imane violência nas cidades brasileiras. Entretanto, o ensino religioso nas escolas públicas contribuirá efetivamente como um dos antídotos contra o caos urbano. Predicava o saudoso cardeal dom Eugênio Salles que as aulas de religião comunicam valores, lapidam o caráter do adolescente, forjam manticostumes em prol da dignidade da pessoa humana. Enfim, o ensino religioso, a médio e longo prazos, representa adminículo portentoso na construção de um Brasil justo, fraterno e pacífico, porque coloca Deus novamente em cena. Quantos jovens assaltantes, empunhando revólveres, jamais rezaram um pai-nosso, já porque em casa nunca se orou, já porque na escola se evita adrede qualquer espécie de comportamento religioso.

Nesta mesma toada, demonstrando como o ensino religioso se coloca como elemento singular na mantença da higidez social, assim se expressava o eminente jesuíta, pe. Leonel Franca, SJ:

> A estrutura externa da sociedade não se conserva sem o valor moral dos que a compõem. Vida moral é vida de sacrifício, de abnegação, de fidelidade incondicional aos imperativos da consciência. Não há formar seriamente as consciências, não há persuadir-lhes com eficácia o sacrifício sem descer às profundezas das almas, e falar-lhes destas grandes realidades espirituais que constituem a essência da religião.[9]

---

[9] Franca, Leonel. *Polêmicas*, editora Agir, Rio de Janeiro, 1953, p. 28 e 29.

Cenário caliginoso se descortinou na Europa dos anos 1950, exatamente em virtude da ablação do ensino religioso das escolas públicas. Leia-se o comentário abaixo, de um juiz de Paris, referido pelo pe. Leonel Franca, SJ. Quão atuais as palavras do magistrado!

> Há uma dezena de anos os crimes cometidos pelos jovens multiplicaram-se numa proporção assustadora. As estatísticas mostram que o número de delinquentes de menos de vinte anos quadriplicou (...) A nenhum homem sincero, quaisquer que sejam as suas opiniões, pode escapar que este aumento espantoso de criminalidade juvenil coincidiu com as modificações introduzidas na organização do ensino público. Para as consciências dos que julgaram encontrar um progresso nesses novos caminhos deve ser uma preocupação grave este espetáculo da jovem geração que se distingue pela sua perversidade brutal.[10]

Diferentes metodologias

Há, pelo menos, dois métodos de se lecionar o ensino religioso. O primeiro deles consiste em o professor discorrer acerca dos valores universais presumivelmente encontradiços em todos os credos. Assim, fala-se sobre a liberdade, a justiça, a fraternidade, o amor, o culto, sempre na perspectiva extraída das diversas religiões. Neste método eclético, também, costuma-se explanar cada uma das principais fés. Em uma aula disserta-se a respeito do cristianismo; noutra, enfoca-se o judaísmo; noutra, o islamismo e assim por diante, a fim de dar ao aluno a visão geral.

---

[10] *Ibidem*, p. 30.

Já no segundo método, opta-se pelo ensinamento confessional, vale dizer, o professor passa a doutrina de religião específica. Desta feita, os alunos católicos terão aulas de catolicismo, os protestantes, de protestantismo, os judeus, de judaísmo etc. De fato, reza o acordo Brasil – Santa Sé:

> Artigo 11. A República Federativa do Brasil, em observância ao direito de liberdade religiosa, da diversidade cultural e da pluralidade confessional do país, respeita a importância do ensino religioso em vista da formação integral da pessoa.
>
> Parágrafo primeiro. O ensino religioso, católico e de outras confissões religiosas, de matrícula facultativa, constitui disciplina dos horários normais das escolas públicas de ensino fundamental, assegurado o respeito à diversidade cultural religiosa do Brasil, em conformidade com a constituição e as outras leis vigentes, sem qualquer forma de discriminação.

Comentando este artigo do pacto diplomático celebrado entre o Brasil e a Igreja católica (Santa Sé), assim se expressou dom Lorenzo Baldisseri:

> O ensino religioso não deve ser entendido como alusivo a uma "religião genérica", aconfessional, indefinida, já que tal "religião" não existe. Seria pura abstração mental, sem correspondência na realidade da vida e da sociedade humana. Ninguém, portanto, teria condições de ministrá-la, a não ser quem quisesse ensinar suas próprias e subjetivas opiniões.[11]

---

[11] Baldisseri, Lorenzo. *Diplomacia Pontifícia. Acordo Brasil-Santa Sé. Intervenções*. LTR, São Paulo, 2011, p. 112.

Conclui o jurisperito:

> Cada fiel tem, no Brasil, o direito constitucional de receber, se quiser, a educação religiosa conforme a sua fé, nos termos fixados pela lei e no respeito da liberdade religiosa e de consciência. Esta é a verdadeira e autêntica laicidade. **Um ensino genérico, apenas indefinidamente "religioso", não atingiria esta meta e, principalmente, não cumpriria os ditames da constituição.**[12]

A Lei de Diretrizes e Bases da Educação Nacional (LDB; Lei n. 9.394/96) regula o dispositivo do artigo 210 da constituição da república. Assim está redigido o artigo 33 da LDB:

> Artigo 33. O ensino religioso, de matrícula facultativa, é parte integrante da formação básica do cidadão e constitui disciplina dos horários normais das escolas públicas de ensino fundamental, assegurado o respeito à diversidade cultural religiosa do Brasil, vedadas quaisquer formas de proselitismo.
> §1º Os sistemas de ensino regulamentarão os procedimentos para a definição dos conteúdos do ensino religioso e estabelecerão as normas para a habilitação e admissão dos professores;
> §2º Os sistemas de ensino ouvirão a entidade civil, constituída pelas diferentes denominações religiosas, para a definição dos conteúdos do ensino religioso.

A redação atual do artigo 33 da LDB provém de mudança levada a efeito em 1997, um ano após a entrada em vigor da

---

[12] *Ibidem*. P. 113, grifos nossos.

mencionada lei, cujo artigo 33, originalmente, se encontrava escrito da seguinte forma:

> Artigo 33. O ensino religioso, de matrícula facultativa, constitui disciplina dos horários normais das escolas públicas de ensino fundamental, sendo oferecido, sem ônus para os cofres públicos, de acordo com as preferências manifestadas pelos alunos ou por seus responsáveis, em caráter: I- confessional, de acordo com a opção religiosa do aluno ou do seu responsável, ministrado por professores ou orientadores religiosos preparados e credenciados pelas respectivas igrejas ou entidades religiosas; ou II- interconfessional, resultante de acordo entre as diversas entidades religiosas, que se responsabilizarão pela elaboração do respectivo programa.

A Lei de Diretrizes e Bases da Educação Nacional (LDB) já havia assumido clarividentemente o caráter confessional do ensino religioso, em perfeita congruência com a *mens legis* da constituição da república. Assim, o antigo artigo 33 empregava termos como "confessional" e "interconfessional". Parece que a mudança realizada em 1997 visou a esvaziar o ensino religioso do propósito que o constituinte quis lhe atribuir, ou seja, a disciplina que leciona determinada religião histórica, conforme as demandas dos alunos e pais. A avença diplomática bilateral Acordo Brasil -Santa Sé (Decreto n. 7.107/2010), no fundo, apenas pôs as coisas novamente em ordem, restabelecendo o desiderato do constituinte que, consoante o voto da ministra do STF, Carmen Lúcia, na ação sobre a qual discorreremos logo abaixo, não podia querer ensino religioso que não fosse confessional, já que noções genéricas de história das religiões e de filosofia das religiões são comumente ministradas nas aulas de história e filosofia.

A única vantagem da nova redação do artigo 33 da LDB, atualmente em vigor, consistiu em extirpar a locução "sem ônus para os cofres públicos". De fato, cabe ao Estado arcar com as despesas referentes à ministração do ensino religioso, pois esta disciplina não é de somenos relevância ou de segunda categoria. O ensino religioso é tão importante quanto as outras matérias lecionadas no ciclo fundamental. Talvez até mais importante do que tais matérias, haja vista a menção do ensino religioso na *charta magna*. Acerca do custeio do ensino religioso, indiretamente assumido pelo Estado na redação atual do artigo 33, Carlos da Fonseca Brandão narra a seguinte história:

> Pressionado por líderes religiosos, especialmente os ligados à Igreja católica, institucionalmente representados pela Conferência Nacional dos Bispos do Brasil (CNBB), nos primeiros meses de 1997, o presidente Fernando Henrique Cardoso pediu a um dos deputados da base parlamentar governista que elaborasse um projeto de lei, a ser apreciado pelo Congresso Nacional, cuja intenção fosse única e exclusivamente, retirar a expressão 'sem ônus para os cofres públicos' que então constava do artigo 33 da LDB.[13]

---

[13] Brandão, Carlos da Fonseca. *LDB passo a passo*. Avercamp Editora, São Paulo, 2003, p. 90.

Como diriam os italianos, *si non é vero*, é ben trovato. Sem embargo, os deputados que reescreveram a cabeça do artigo 33 não se limitaram a retirar a expressão "sem ônus para os cofres públicos", como afirma Brandão. Foram muito mais longe, ao modificarem o escopo da lei, que prescrevia o ensino religioso confessional. A mudança ocorrida em 1997, lamentavelmente, subtraiu os vocábulos "confessional" e "interconfessional" e, assim, maculou a alma da lei e burlou o desiderato do constituinte de 1988, ora resgatado pelo Acordo Brasil-Santa Sé (Decreto n. 7.107/2010).

A cabeça do artigo 33 da LDB veda o proselitismo. Com efeito, encara-se, aqui, o proselitismo em sentido negativo, como o intento de inculcar certa religião em quem professa outro credo. Mas, o proselitismo, em si, não é comportamento ruim. O proselitismo implica o conjunto de esforços tendentes à evangelização. Infelizmente, a palavra acabou ganhando acepção pejorativa, que não corresponde à real significação denotativa do termo.

As aulas de ensino religioso – e por que não dizer "aulas de religião"? – têm de ser ministradas nos horários normais, conforme está claro na mesma cabeça do artigo 33. Isto denota o respeito pela disciplina, sendo que lecioná-la noutro horário, como, por exemplo, aos sábados, comprometeria a participação dos estudantes, uma vez que a assistência às aulas de religião é facultativa.

O conteúdo das aulas de religião ou ensino religioso estará a cargo de entidade civil, constituída pelas diferentes denominações religiosas (artigo 33, §2º da LDB). Em princípio, por questões práticas, devemos pensar em entidade que represente a religião cristã, porquanto mais ou menos noventa por cento dos brasileiros professam o cristianismo: católicos e protestantes de variegadas ramificações (luteranos, calvinistas, batistas, presbiterianos etc.). A entidade civil representativa dos cristãos é o Conic, Conselho Nacional de Igrejas Cristãs do Brasil. Note-se, contudo, que o Decreto 7.107/2010 (Acordo Brasil-Santa Sé) frisa o caráter confessional das aulas de religião, ao qualificar o ensino religioso como católico ou de outras confissões (artigo 11, §1º). Não se trata de ensino "interconfessional", previsto no antigo artigo 33 da LDB, ou seja, de elementos comuns ao catolicismo e às outras denominações cristãs, vale dizer, ensino religioso ecumênico. Esta interpretação, aliás, restou claríssima depois do julgamento no Supremo Tribunal Federal. De fato, apodava-se o Acordo Brasil-Santa Sé de inconstitucional, em virtude de este pacto diplomático enfatizar a natureza confessional das aulas. O atual artigo 33 da LDB não é tão claro a este respeito. Porém, o Acordo Brasil-Santa Sé (Decreto 7.107/2010), que também é lei (ou seja, tem força de lei), e posterior à LDB[14], acentua a confessionalidade do ensino religioso (por exemplo: catolicismo para os alunos católicos e protestantismo para os alunos protestantes). A consulta à entidade

---

[14] "Artigo 2º Não se destinando à vigência temporária, a lei terá vigor até que outra a modifique ou revogue.
§1º A lei posterior revoga a anterior quando expressamente o declare, quando seja com ela incompatível ou quando regule inteiramente a matéria de que tratava a lei anterior." (Lei de Introdução às Normas do Direito Brasileiro; Lei n. 12.376/2010).

civil, conforme determina a LDB, não significa a elaboração de "aulas ecumênicas, interconfessionais ou inter-religiosas"; significa, apenas, a conveniência de que a sociedade, representada por alguma entidade civil, opine na definição dos conteúdos, a fim de que se evitem fanatismos e quaisquer degenerescências religiosas, como, por exemplo, o uso da religião a favor de movimentos políticos (instrumentalização do sentimento religioso).

A postura haurida do acordo Brasil-Santa Sé se coaduna com o ditame do direito canônico[15]. Vejamos a tradução do cânon 761 do código canônico[16]:

> Os diversos meios à disposição sejam utilizados para anunciar a doutrina cristã, principalmente a pregação e a instrução catequética, que conservam sempre o primeiro lugar; empregue-se, ainda, a exposição doutrinal **nas escolas, academias**, conferências reuniões de todo gênero, bem como sua difusão mediante declarações públicas feitas pela legítima autoridade, por ocasião de certos acontecimentos, através da imprensa e demais meios de comunicação social.[17]

Profere Célio Borja a seguinte ensinança:

> O tratado com a Santa Sé não viola a neutralidade do Estado em face de todas as religiões, pois estende a todas elas o mesmo direito ao ensino confessional e a decidir quanto ao con-

---

[15] "O direito canônico é o conjunto das normas gerais e positivas que regulam a vida no grêmio da Igreja católica."(Sampel, Edson Luiz. *Introdução ao Direito Canônico*, LtR, São Paulo, 2001, p. 15).

[16] *Codex Iuris Canonici* (Código de Direito Canônico).

[17] Grifos nossos.

teúdo de suas lições. Esse ato internacional tampouco derroga a organização política do Estado brasileiro – nem poderia – descentralizada e dual, uma vez que não retira às unidades políticas federadas a competência concorrente e complementar de legislar sobre os seus sistemas de ensino fundamental; mas é certo que elas devem respeitar a substância das estipulações do tratado, as quais, no presente caso, não inovam as disposições constitucionais homólogas, obrigatórias em razão do postulado da supremacia da constituição.[18]

Conforme se depreende da exegese do artigo 210, parágrafo 1º, da constituição federal, é dever do poder constituído franquear o ensino religioso nas escolas públicas, independentemente de haver ou não interessados. Aliás, muita vez, a simples oferta do curso, por si só, desperta entusiasmo. As coisas boas atraem!

Em 2010, o Ministério Público Federal propôs ação direta de inconstitucionalidade (Ação n. 4.430/2010), visando à declaração de inconstitucionalidade do supramencionado artigo 11, §1º, do acordo Brasil-Santa Sé (Decreto n. 7.107/2010), bem como postulando a interpretação do artigo 33, §§ 1º e 2º da LDB, para se conceituar o ensino religioso da constituição federal (artigo 210, §1º) como o ensinamento da história e dalgumas doutrinas das várias religiões, sob perspectiva laica, isto é, secular.

No dia 27 de setembro de 2017, por maioria de votos (6 a 5), o Supremo Tribunal Federal (STF), julgou improcedente o pedido do Ministério Público Federal, declarando, em consequência,

---

[18] Borja, Célio. *Acordo Brasil – Santa Sé Comentado* (orgs.: Lorenzo Baldisseri e Ives Gandra M. Filho). Editora LTR, São Paulo, 2012, p. 307.

a constitucionalidade do acordo Brasil-Santa Sé, para que, à luz do artigo 210, §1º da carta da república, o ensino religioso seja ministrado com caráter confessional, vale dizer, aulas de catolicismo para os alunos católicos, aulas de protestantismo para os alunos protestantes, aulas de judaísmo para os alunos judeus etc.

No voto minerva, a presidenta do tribunal, ministra Carmen Lúcia, ponderou que o intento do constituinte não poderia se restringir a aulas de religião com matiz de história ou de simples elementos culturais, pois tal conteúdo já se leciona em matérias como história e filosofia, por exemplo.

Interessante conhecer as entidades que atuaram como *amicus curiae* a favor do Ministério Público Federal, isto é, agiram processualmente contra a validade do acordo Brasil-Santa Sé. Ei-las: Grande Loja Maçônica do Estado do Rio de Janeiro (Glmerj), Conectas Direitos Humanos, Ecos-Comunicação em Sexualidade, Comitê Latino-Americano e do Caribe para a Defesa dos Direitos da Mulher (Cladem), Anis-Instituto de Bioética, Direitos Humanos e Gênero e Associação Brasileira de Ateus e Agnósticos[19].

Em resumo, a LDB e, ulteriormente, o Acordo Brasil-Santa Sé, são leis que decerto implementaram o artigo 210, §1º da constituição federal, à medida que atribuem caráter confessional ao ensino religioso. O aludido parágrafo não há de ser lido apenas ao lume da cabeça do artigo 210, a qual determina que os conteúdos do ensino fundamental assegurarão o respeito aos valores culturais e artísticos, nacionais e regionais. Tal exegese especificamente focada nos valo-

---

[19] http://www.stf.jus.br/portal/cms/verNoticiaDetalhe.asp?idConteudo=357099&caixaBusca=N

res culturais e artísticos *stricto sensu*, insulada do corpo constitucional, revela-se claudicante. A hermenêutica escorreita é do tipo sistemática, que leva em conta a integralidade do direito constitucional.

Referentemente ao ensino religioso, é mister voltar os olhos para as demais normas e princípios constitucionais que salvaguardam os credos religiosos, quer diretamente, como na liberdade de culto garantida pelo artigo 5º, VI, da carta política, quer indiretamente, como, por exemplo, através do instituto da imunidade tributária (artigo 150, VI, "b"). Mas, na interpretação jurídica, deve-se sobretudo ter em mira a confessionalidade do preâmbulo da constituição. Deveras, o constituinte *confessou* que acredita em Deus, pois promulgou a constituição sob a proteção divina e não baseado em folclore (valores culturais) e manifestações antropológico-sentimentais. O constituinte não escreveu algo como: "Fundamentados no sentimento religioso e na cultura religiosa do povo brasileiro, promulgamos esta constituição". No preâmbulo, mediante frase lapidar e prenhe de densidade teológica ("sob a proteção de Deus"), o constituinte *confessa* que existe o *criador* do homem e do universo.

8. Destinação de espaços para fins religiosos

Comecemos esclarecendo que nosso país é, de fato, um Estado laico, ou seja, não está comprometido com nenhuma religião. Antanho, antes da Proclamação da República, as coisas eram bem diferentes, pois o catolicismo era a religião oficial.

Sem embargo, no preâmbulo da Constituição Federal em vigor está dito que os constituintes, isto é, os representantes do povo, promulgam a carta política "sob a proteção de Deus". Conclui-se, pois, que o Brasil, oficialmente, é religioso, pois acredita em Deus, sem aderir a uma religião específica. Ou, expresso de forma oblíqua, o Brasil, institucionalmente falando, não é antirreligioso nem ateu. Deveras, a tão propalada laicidade do Estado difere muito do laicismo. Este é execrável e vulnera os direitos humanos, uma vez que não tolera a religião e proclama a autonomia absoluta das instituições sociopolíticas e da cultura.

Reza o artigo 14 do Acordo Brasil-Santa Sé: "A República Federativa do Brasil declara o seu empenho na destinação de espaços a fins religiosos, que deverão ser previstos nos instrumentos de planejamento urbano a serem estabelecidos no respectivo plano diretor". Qual é o motivo da inserção dessa "declaração" no acordo? Parece-me claro que as altas partes contratantes, ou seja, o Estado e a Igreja, estão realmente preocupadas com o crescimento vertiginoso das cidades, que ocorre descontroladamente e não considera relevantes aspectos da personalidade humana, que demandam toda a solicitude política: a cultura, o lazer, a educação, a religião etc.

Fernando Coitia conceitua literariamente o termo "cidade" como "(...) uma aglomeração humana fundada num solo convertido em pátria, cujas estruturas internas e externas se constituem e desenvolvem por obra da história, para satisfazer e exprimir as aspirações da vida coletiva, não só a que nelas decorre, mas também a da humanidade em geral" (*Apud* Carlos F. M. de Souza, "Acordo Brasil-Santa Sé Comentado", p. 350, LTR). Com base nessa definição, aferimos que a cidade é uma espécie de mundo em miniatura e não há de permanecer cerrada em si mesma. Portanto, destinar espaços para fins religiosos nada mais é que atender a uma necessidade humana básica e, mais do que isso, um modo de humanizar as aglomerações urbanas, já que se Deus não estiver visivelmente presente nas cidades ou municípios, no país de um modo geral, a barbárie passa a dominar as relações entre os cidadãos.

É óbvio que o jeito concreto de pôr em prática o comando do artigo 14 terá de considerar a pluralidade religiosa do Brasil, porém, numa ótica estritamente democrática, os vereadores, responsáveis pela elaboração dos assim chamados planos diretores, deverão dar certa prioridade à religião majoritária e tradicional no município. Demais, no próprio plano diretor, haverá, ainda, a destinação de espaços ecumênicos, que poderão congregar os católicos com os irmãos separados.

Conforme assevera o prof. Carlos F. M. de Souza, "(...) a primeira ocupação, enquanto uso de espaço, pelos portugueses, em 1500, foi para fins religiosos, como na primeira Missa na Ilha de Vera Cruz (...)" ("Acordo Brasil-Santa Sé Comentado", p. 351, LTR). De fato, a injunção do artigo 14 do acordo consiste simplesmente no respeito às mais venerandas tradições religiosas entranhadas na alma do brasileiro.

9. A INEXISTÊNCIA DE VÍNCULO EMPREGATÍCIO PARA OS RELIGIOSOS E AFINS

O artigo 16 do acordo ultimado entre o Brasil e a Igreja católica repete uma regra que há muito vem sendo observada em nossa nação, fruto de jurisprudência mansa e pacífica. Eis a íntegra do aludido artigo: "Dado o caráter peculiar religioso e beneficente da Igreja católica e de suas instituições: I) O vínculo entre os ministros ordenados ou fiéis consagrados mediante votos e as dioceses ou institutos religiosos e equiparados é de caráter religioso e, portanto, observado o disposto na legislação trabalhista brasileira, não gera, por si mesmo, vínculo empregatício, a não ser que seja provado o desvirtuamento da instituição eclesiástica. II) As tarefas de índole apostólica, pastoral, litúrgica, catequética, assistencial, de promoção humana e semelhantes poderão ser realizadas a título voluntário, observado o disposto na legislação trabalhista brasileira".

O número I do artigo ora em comento tão só corrobora o entendimento dos tribunais civis, segundo o qual os padres, as freiras e os religiosos de um modo geral, na vivência do carisma, não gozam dos direitos estipulados na CLT (Consolidação das Leis do Trabalho) e, por consequência, caso se desliguem livremente ou sejam penalmente exclausurados, não fazem jus a qualquer indenização financeira.

Outro assunto bastante sério que o acordo tenta enfrentar é o problema do labor voluntário. Com efeito, reza o n. II do artigo 16 que os misteres de natureza apostólica, pastoral, litúrgica, catequética, assistencial, de promoção humana e assemelhados podem ser efetuados a título voluntário, "observado o disposto na legislação trabalhista brasileira". Gerenciar o voluntariado nem sempre é uma tarefa simples. Apesar de existir uma lei disciplinando este jaez de atividade gratuita, em bastantes situações, o Estado considera que o voluntário tem realmente de perceber uma remuneração e, se provocada, a justiça trabalhista costuma reconhecer esse direito. Existem, na verdade, direitos inalienáveis, dos quais não se pode abrir mão. Protege-os a Constituição Federal.

O artigo 16, II, esforça-se por delinear, com vários exemplos (pastoral, liturgia, catequese, promoção humana), atividades que tipificam o voluntariado, porém, na prática, dever-se-á estar atento para a hipótese concreta: cada caso é um caso! Vamos depender do bom senso dos irmãos que se dispõem a ações voluntárias. Andou bem o acordo em ventilar essa problemática. Convém, todavia, frisar que o voluntariado *intra eclesial* se justifica apenas nas hipóteses elencadas no inciso II ou em situações similares, porquanto, a Igreja há de ser a primeira instituição a dar o bom exemplo no respeito à legislação trabalhista, bem como no pagamento do salário justo a seus empregados.

À luz do ordenamento jurídico pátrio, o desvio arbitrário e ilegítimo tanto dos objetivos do instituto religioso e das sociedades de vida apostólica quanto da essência do voluntariado produz a imediata descaracterização do vínculo entre o religioso e a entidade e o voluntário e a entidade, respectivamente, prevalecendo, destarte, as normas comuns do direito do trabalho.

10. A Igreja e suas instituições de ensino

As melhores instituições de ensino do país e do mundo estão ligadas à Igreja católica. Veja-se, por exemplo, a PUC-SP, eleita recentemente a melhor universidade particular do Estado de São Paulo.

Escrevi em meu livro "Reflexões de um Católico", refutando a tese de que a característica principal de uma universidade católica é o respeito à dignidade humana: "O que realmente caracteriza uma universidade católica é o compromisso dela na evangelização" (...) "A universidade católica é uma instituição eminentemente confessional" (LTR, p. 106). Enaltecer e fomentar a dignidade humana é obrigação de todo o mundo, de todas as instituições que há na face da Terra. Dispõe o artigo 5º das Diretrizes e Normas para as Universidades Católicas no Brasil (Documento n. 64, da CNBB): "Missão da universidade católica é servir à humanidade e à Igreja: – garantindo, de forma permanente e institucional, a presença da mensagem de Cristo, luz dos povos, centro e fim da criação e da história, no mundo científico e cultural (...)".

Diante desse panorama, preceitua o artigo 10º, *caput*, do acordo Brasil-Santa Sé: "A Igreja católica, em atenção ao princípio de cooperação com o Estado, *continuará a colocar* suas instituições de ensino, em todos os níveis, a serviço da sociedade, *em conformidade com seus fins* e com as exigências do ordenamento jurídico brasileiro" (grifos meus).

Pela mera leitura do artigo 205 da Constituição Federal, vê-se que a educação é direito de todos e dever do Estado. Conforme sublinhei na escrita do acordo, está dito que a Igreja *continuará* em sua empreitada educacional. Isto é obvio, pois, no Brasil, a Igreja precedeu ao Estado na missão de prover educação básica ao povo. Note-se, contudo, que o artigo do pacto internacional, ora examinado, frisa a importância da fidelidade das instituições de ensino católicas aos fins da Igreja: *em conformidade com seus fins.*

Pelo acordo, depreende-se que a Igreja, em todos os níveis educacionais, do ensino fundamental ao superior, coopera nimiamente com o Estado, mas oferta um *plus* aos estudantes, que é, exatamente, a inculca dos valores católicos. Não cabe aqui neste espaço asserir cabalmente o porquê de Jesus ter fundado a Igreja católica, porém, não há dúvida de que cada instituição eclesiástica, da mais simples à mais complexa, deve comunicar algo do amor de Deus, do vigor da proposta de Cristo, e não se limitar a, por exemplo, adestrar os alunos para o vestibular.

Os parágrafos 1º e 2º do artigo 10º do acordo Brasil-Santa Sé visam garantir a paridade com o Estado na ereção de seminários e outros institutos eclesiásticos. Nesta norma, vislumbro a possibilidade da criação no Brasil das chamadas *faculdades de direito canônico*, já existentes na Europa e em alguns países da América Latina, como na Argentina. Não se trata de um departamento acadêmico atrelado à faculdade de direito nem à faculdade de teologia, porém de uma entidade *sui iuris*, com plena autonomia, reconhecida pelo Estado. Isto não é impossível, porquanto há no Brasil faculdades de vinho, de perfume etc.

Uma faculdade de direito canônico no Brasil, integrada a uma universidade eclesiástica, formará os peritos em direito canônico, recursos humanos imprescindíveis para cúrias e tribunais.

11. O SEGREDO DO OFÍCIO SACERDOTAL E DA CONFISSÃO SACRAMENTAL

O código canônico explicita os efeitos da recepção do sacramento da penitência. Vamos ler a tradução em português do cânon 959 (o código canônico está escrito em latim): "No sacramento da penitência, os fiéis que confessem os seus pecados ao ministro legítimo, estando arrependidos de os terem cometido, e tendo também o propósito de se emendarem, mediante a absolvição dada pelo mesmo ministro, alcançam de Deus o perdão dos pecados cometidos depois do batismo, ao mesmo tempo que se reconciliam com a Igreja que vulneraram ao pecar". Nosso Senhor Jesus Cristo fundou a Igreja católica e adornou-a com os sacramentos, a fim de que a graça se transmitisse ordinariamente ao batizado. A confissão ou penitência é denominada de "sacramento de cura", porque o fiel, combalido pelo pecado, sobretudo pelo pecado mortal, recobra a higidez da alma.

Eis a íntegra do artigo 13 do Acordo Brasil-Santa Sé: "É garantido o segredo do ofício sacerdotal, especialmente o da confissão sacramental". Observe-se que são dois os bens tutelados pelo aludido artigo: o ofício sacerdotal e a confissão sacramental. Tanto no *ofício* quanto na *confissão*, salvaguarda-se o *segredo* ou *sigilo*. O ordenamento jurídico brasileiro põe a salvo de quaisquer ingerências indevidas todas as profissões que têm por objeto a intimidade do ser humano. Desta feita, profissionais como psicólogos, médicos, advogados, padres etc. estão terminantemente proibidos de revelar dados da vida dos clientes ou dos fiéis, adquiridos no consultório, no escritório ou no confessionário. Por outro lado, nem mesmo um mandado judicial poderá obrigar um desses profissionais a declinar qualquer fato conhecido por intermédio do contato com a consciência de clientes e fiéis.

O direito penal canônico também protege a confissão sacramental, punindo com rigor a violação do segredo ou sigilo. Destarte, estatui o cânon 1388 que o confessor que violar diretamente o sigilo sacramental incorre em excomunhão *latae sententiae*, isto é, automática. Se a violação for indireta, a pena deve corresponder à gravidade do delito. Demais, outras pessoas, como o intérprete, sofrem uma justa pena (*iusta poena*), não excluída a própria excomunhão.

O que há de ser frisado no artigo 13, ora em exame, é a proteção outorgada pelo acordo não só ao segredo da confissão, mas ao segredo do *ofício sacerdotal*. A expressão *ofício* decerto implica maior abrangência no relacionamento padre-fiel, envolvendo, por exemplo, a direção espiritual ou qualquer colóquio, ou ainda outra situação, que não seja tecnicamente um ato praticado no confessionário.

O povo confia bastante nos padres e, conseguintemente, abre-lhes o coração. Assim sendo, a confiança depositada no sacramento da penitência e no trabalho do padre (ofício sacerdotal) é um tesouro inestimável, não somente para a Igreja, como para a sociedade de um modo geral. Houvesse mais confissões e ocorreriam menos neuroses e outros tantos desvios de comportamento. Tirante o aspecto sobrenatural, mais importante, é óbvio, a catarse de uma boa confissão é algo de indiscutível valor terapêutico. Por isso, o acordo não poderia olvidar o sacramento da confissão.

12. O CASAMENTO

O recente acordo celebrado entre o Brasil e a Santa Sé regula várias questões importantes. Nas reflexões precedentes, ative-me sobretudo às disposições do artigo 3º, objeto da solicitude da Subcomissão n. 1. Retomarei, oportunamente, a análise dos artigos 5º e 15, cuja implementação também foi cometida à mencionada subcomissão.

Neste momento, porém, gostaria de tratar especificamente do artigo 12 do aludido pacto, vazado nos seguintes termos: "O casamento celebrado em conformidade com as leis canônicas, que atender também às exigências estabelecidas pelo direito brasileiro para contrair casamento, produz os efeitos civis, desde que registrado no registro próprio, produzindo efeitos a partir da data de sua celebração. Parágrafo 1º A homologação das sentenças eclesiásticas em matéria matrimonial, confirmadas pelo órgão de controle superior da Santa Sé, será efetuada nos termos da legislação brasileira sobre homologação de sentenças estrangeiras".

A novidade reside no parágrafo 1º, porque o disposto na cabeça do artigo já é uma prática muito comum nas paróquias: casamento religioso com efeito civil.

Em meu entender, uma sentença de nulidade de casamento, proferida por um tribunal eclesiástico, só poderá ser ratificada pela autoridade brasileira, se a causa da indigitada nulidade for algum impedimento matrimonial, pois apenas nesta hipótese o direito brasileiro também prevê a nulidade. O acordo não pode ferir nenhum dispositivo da lei brasileira.

Os impedimentos dirimentes, contemplados tanto pela legislação canônica quanto pela legislação civil, são os seguintes: 1) idade; 2) vínculo matrimonial anterior; 3) homicídio do cônjuge, com o propósito de se casar com o sobrevivente; 4) ascendentes com descendentes, em linha reta; 5) parentesco por adoção. O rapto de mulher honesta, para com ela convolar núpcias, não está mais no rol dos impedimentos do código civil em vigor, porém permanece no código canônico.

Uma outra possibilidade de o Estado homologar uma sentença eclesiástica é a do casamento válido, mas não consumado, em que o santo padre dissolve o vínculo (privilégio petrino). Neste caso, a autoridade civil chancela o veredicto pontifício, equiparando-o ao divórcio.

No âmbito da justiça canônica, há diversas possibilidades de declaração de nulidade de matrimônio. Por exemplo: um matrimônio pode vir a ser considerado inválido por uma corte canônica, em virtude de os cônjuges, à época da celebração, padecerem de grave imaturidade para assumirem os misteres inerentes à vida a dois (cânon 1095, n. 2). No entanto, essa possibilidade não existe para o direito brasileiro. Desta feita, esse tipo de sentença não será objeto de ratificação. Outros motivos de nulidade assaz corriqueiros nas cortes canônicas que, a meu ver, não receberiam a chancela do Estado: a exclusão do bem da fidelidade ou do bem da prole. São pontos exclusivamente sacramentais e canônicos.

Se o Estado homologar a sentença canônica, as partes envolvidas, isto é, os cônjuges, voltam a gozar do *status* de solteiros.

13. A ASSISTÊNCIA ESPIRITUAL DA IGREJA AOS MARGINALIZADOS

Esta reflexão jurídico-canônica, última da série sobre o acordo Brasil-Santa Sé, talvez seja a mais importante de todas, porquanto o artigo 8º, que comentarei, tem por pano de fundo uma advertência expressa de nosso Senhor Jesus Cristo: "Estive doente e me visitastes, preso e viestes ver-me" (Mt 25,36). Ver no rosto transfigurado do irmão sofredor a própria imagem de Cristo está na essência de nossa religião e, certamente, implica a missão precípua da Igreja católica, fundada por Jesus para proclamar o evangelho, administrar os sacramentos e construir o reino de Deus, consubstanciado numa sociedade justa e fraterna, com vida abundante para a integralidade dos seres humanos (Jo 10,10).

Dispõe o artigo 8º do acordo bilateral Brasil-Santa Sé: "A Igreja católica, em vista do bem comum da sociedade brasileira, especialmente dos cidadãos mais necessitados, compromete-se, observadas as exigências da lei, a dar assistência espiritual aos fiéis internados em estabelecimentos de saúde, de assistência social, de educação ou similar, ou detidos em estabelecimento prisional ou similar, observadas as normas de cada estabelecimento, e que, por essa razão, estejam impedidos de exercer em condições normais a prática religiosa e a requeiram. A República Federativa do Brasil garante à Igreja católica o direito de exercer este serviço, inerente à sua própria missão".

Socorrer as pessoas em situação calamitosa, como nos pede o próprio divino fundador da Igreja católica, é uma tarefa a ser desempenhada não só pela hierarquia, mas igualmente pelos leigos. Sem embargo, ao longo dos dois mil anos de sua história, a Igreja, sem sombra de dúvida, é a entidade que mais se devotou institucionalmente aos excluídos, inermes e marginalizados. Basta olharmos para os hospitais, orfanatos, escolas e tantas organizações beneficentes geridas pela Igreja.

Nas prisões, os padres e leigos agentes de pastoral sempre se fizeram presentes. De fato, a pastoral carcerária é atuante e tem levado os sacramentos e a esperança teologal aos presos, resgatando-lhes a dignidade. Por este motivo, as altas partes contratantes não podiam deixar de lado a proteção jurídica dessa atividade inerente à missão que Jesus confiou à Igreja católica: dar um alento salvífico aos presos e aos internos de um modo geral.

O assunto do artigo 8º é tão relevante que, se se perguntasse acerca da possibilidade da perpetração de um pecado mortal por omissão, penso que a resposta seria afirmativa, uma vez que Jesus explicitamente exclui do paraíso os que se mantiveram passivos diante do sofrimento do próximo: "Apartai-vos de mim, malditos, para o fogo eterno, preparado para o Diabo e seus anjos. (...) Estive doente e preso e não me visitastes" (Mt 25,41.43). Realmente, esta parte do evangelho (direito divino positivo) de são Mateus constitui a base bíblica do artigo 8º do acordo.

5

ACORDO ENTRE A REPÚBLICA FEDERATIVA DO BRASIL E A SANTA SÉ RELATIVO AO ESTATUTO JURÍDICO DA IGREJA CATÓLICA NO BRASIL

(Obs.: este tratado internacional entrou
em vigor no dia 11 de fevereiro de 2010)

A República Federativa do Brasil e a Santa Sé, doravante denominadas Altas Partes Contratantes;

Considerando que a Santa Sé é a suprema autoridade da Igreja Católica, regida pelo Direito Canônico;

Considerando as relações históricas entre a Igreja Católica e o Brasil e suas respectivas responsabilidades a serviço da sociedade e do bem integral da pessoa humana;

Afirmando que as Altas Partes Contratantes são, cada uma na própria ordem, autônomas, independentes e soberanas e cooperam para a construção de uma sociedade mais justa, pacífica e fraterna;

Baseando-se, a Santa Sé, nos documentos do Concílio Vaticano II e no Código de

Direito Canônico, e a República Federativa do Brasil, no seu ordenamento jurídico;

Reafirmando a adesão ao princípio, internacionalmente reconhecido, de liberdade religiosa;

Reconhecendo que a Constituição brasileira garante o livre exercício dos cultos religiosos;

Animados da intenção de fortalecer e incentivar as mútuas relações já existentes;

Convieram no seguinte:

Artigo 1º

As Altas Partes Contratantes continuarão a ser representadas, em suas relações diplomáticas, por um Núncio Apostólico acreditado junto à República Federativa do Brasil e por um Embaixador(a) do Brasil acreditado(a) junto à Santa Sé, com as imunidades e garantias asseguradas pela Convenção de Viena sobre Relações Diplomáticas, de 18 de abril de 1961, e demais regras internacionais.

Artigo 2º

A República Federativa do Brasil, com fundamento no direito de liberdade religiosa, reconhece à Igreja Católica o direito de desempenhar a sua missão apostólica, garantindo o exercício público de suas atividades, observado o ordenamento jurídico brasileiro.

Artigo 3º

A República Federativa do Brasil reafirma a personalidade jurídica da Igreja Católica e de todas as Instituições Eclesiásticas que possuem tal personalidade em conformidade com o direito canônico, desde que não contrarie o sistema constitucional e as leis brasileiras, tais como Conferência Episcopal, Províncias Eclesiásticas, Arquidioceses, Dioceses, Prelazias Territoriais ou Pessoais, Vicariatos e Prefeituras Apostólicas, Administrações Apostólicas, Administrações Apostólicas Pessoais, Missões Sui Iuris, Ordinariado Militar e Ordinariados para os Fiéis de Outros Ritos, Paróquias, Institutos de Vida Consagrada e Sociedades de Vida Apostólica.

§ 1º A Igreja Católica pode livremente criar, modificar ou extinguir todas as Instituições Eclesiásticas mencionadas no caput deste artigo.

§ 2º A personalidade jurídica das Instituições Eclesiásticas será reconhecida pela República Federativa do Brasil mediante a inscrição no respectivo registro do ato de criação, nos termos da legislação brasileira, vedado ao poder público negar-lhes reconhecimento ou registro do ato de criação, devendo também ser averbadas todas as alterações por que passar o ato.

Artigo 4º

A Santa Sé declara que nenhuma circunscrição eclesiástica do Brasil dependerá de Bispo cuja sede esteja fixada em território estrangeiro.

Artigo 5º

As pessoas jurídicas eclesiásticas, reconhecidas nos termos do Artigo 3º, que, além de fins religiosos, persigam fins de assistência e solidariedade social, desenvolverão a própria atividade e gozarão de todos os direitos, imunidades, isenções e benefícios atribuídos às entidades com fins de natureza semelhante previstos no ordenamento jurídico brasileiro, desde que observados os requisitos e obrigações exigidos pela legislação brasileira.

Artigo 6º

As Altas Partes reconhecem que o patrimônio histórico, artístico e cultural da Igreja Católica, assim como os documentos custodiados nos seus arquivos e bibliotecas, constituem parte relevante do patrimônio cultural brasileiro, e continuarão a cooperar para salvaguardar, valorizar e promover a fruição dos bens, móveis e imóveis, de propriedade da Igreja Católica ou de outras pessoas jurídicas eclesiásticas, que sejam considerados pelo Brasil como parte de seu patrimônio cultural e artístico.

§ 1º A República Federativa do Brasil, em atenção ao princípio da cooperação, reconhece que a finalidade própria dos bens eclesiásticos mencionados no caput deste artigo deve ser salvaguardada pelo ordenamento jurídico brasileiro, sem prejuízo de outras finalidades que possam surgir da sua natureza cultural.

§ 2º A Igreja Católica, ciente do valor do seu patrimônio cultural, compromete-se a facilitar o acesso a ele para todos os que o queiram conhecer e estudar, salvaguardadas as suas finalidades religiosas e as exigências de sua proteção e da tutela dos arquivos.

Artigo 7º

A República Federativa do Brasil assegura, nos termos do seu ordenamento jurídico, as medidas necessárias para garantir a proteção dos lugares de culto da Igreja Católica e de suas liturgias, símbolos, imagens e objetos cultuais, contra toda forma de violação, desrespeito e uso ilegítimo.

§ 1º Nenhum edifício, dependência ou objeto afeto ao culto católico, observada a função social da propriedade e a legislação, pode ser demolido, ocupado, transportado, sujeito a obras ou destinado pelo Estado e entidades públicas a outro fim, salvo por necessidade ou utilidade pública, ou por interesse social, nos termos da Constituição brasileira.

Artigo 8º

A Igreja Católica, em vista do bem comum da sociedade brasileira, especialmente dos cidadãos mais necessitados, compromete-se, observadas as exigências da lei, a dar assistência espiritual aos fiéis internados em estabelecimentos de saúde, de assistência social, de educação ou similar, ou detidos em estabelecimento prisional ou similar, observadas as normas de cada estabelecimento, e que, por essa razão, estejam impedidos de exercer em condições normais a prática religiosa e a requeiram. A República Federativa do Brasil garante à Igreja Católica o direito de exercer este serviço, inerente à sua própria missão.

Artigo 9º

O reconhecimento recíproco de títulos e qualificações em nível de Graduação e Pós-Graduação estará sujeito, respectivamente, às exigências dos ordenamentos jurídicos brasileiro e da Santa Sé.

Artigo 10

A Igreja Católica, em atenção ao princípio de cooperação com o Estado, continuará a colocar suas instituições de ensino, em todos os níveis, a serviço da sociedade, em conformidade com seus fins e com as exigências do ordenamento jurídico brasileiro.

§ 1º A República Federativa do Brasil reconhece à Igreja Católica o direito de constituir e administrar Seminários e outros Institutos eclesiásticos de formação e cultura.

§ 2º O reconhecimento dos efeitos civis dos estudos, graus e títulos obtidos nos Seminários e Institutos antes mencionados é regulado pelo ordenamento jurídico brasileiro, em condição de paridade com estudos de idêntica natureza.

Artigo 11

A República Federativa do Brasil, em observância ao direito de liberdade religiosa, da diversidade cultural e da pluralidade confessional do País, respeita a importância do ensino religioso em vista da formação integral da pessoa.

§1º O ensino religioso, católico e de outras confissões religiosas, de matrícula facultativa, constitui disciplina dos horários normais das escolas públicas de ensino fundamental, assegurado o respeito à diversidade cultural religiosa do Brasil, em conformidade com a Constituição e as outras leis vigentes, sem qualquer forma de discriminação.

Artigo 12

O casamento celebrado em conformidade com as leis canônicas, que atender também às exigências estabelecidas pelo direito brasileiro para contrair o casamento, produz os efeitos civis, desde que registrado no registro próprio, produzindo efeitos a partir da data de sua celebração.

§ 1º A homologação das sentenças eclesiásticas em matéria matrimonial, confirmadas pelo órgão de controle superior da Santa Sé, será efetuada nos termos da legislação brasileira sobre homologação de sentenças estrangeiras.

Artigo 13

É garantido o segredo do ofício sacerdotal, especialmente o da confissão sacramental.

Artigo 14

A República Federativa do Brasil declara o seu empenho na destinação de espaços a fins religiosos, que deverão ser previstos nos instrumentos de planejamento urbano a serem estabelecidos no respectivo Plano Diretor.

Artigo 15

Às pessoas jurídicas eclesiásticas, assim como ao patrimônio, renda e serviços relacionados com as suas finalidades essenciais, é reconhecida a garantia de imunidade tributária referente aos impostos, em conformidade com a Constituição brasileira.

§ 1º Para fins tributários, as pessoas jurídicas da Igreja Católica que exerçam atividade social e educacional sem finalidade lucrativa receberão o mesmo tratamento e benefícios outorgados às entidades filantrópicas reconhecidas pelo ordenamento jurídico brasileiro, inclusive, em termos de requisitos e obrigações exigidos para fins de imunidade e isenção.

Artigo 16

Dado o caráter peculiar religioso e beneficente da Igreja Católica e de suas instituições:

I – O vínculo entre os ministros ordenados ou fiéis consagrados mediante votos e as Dioceses ou Institutos Religiosos e equiparados é de caráter religioso e portanto, observado o disposto na legislação trabalhista brasileira, não gera, por si mesmo, vínculo empregatício, a não ser que seja provado o desvirtuamento da instituição eclesiástica.

II – As tarefas de índole apostólica, pastoral, litúrgica, catequética, assistencial, de promoção humana e semelhantes poderão ser realizadas a título voluntário, observado o disposto na legislação trabalhista brasileira.

Artigo 17

Os Bispos, no exercício de seu ministério pastoral, poderão convidar sacerdotes, membros de institutos religiosos e leigos, que não tenham nacionalidade brasileira, para servir no território de suas dioceses, e pedir às autoridades brasileiras, em nome deles, a concessão do visto para exercer atividade pastoral no Brasil.

§ 1º Em conseqüência do pedido formal do Bispo, de acordo com o ordenamento jurídico brasileiro, poderá ser concedido o visto permanente ou temporário, conforme o caso, pelos motivos acima expostos.

Artigo 18

O presente acordo poderá ser complementado por ajustes concluídos entre as Altas Partes Contratantes.

§ 1º Órgãos do Governo brasileiro, no âmbito de suas respectivas competências e a Conferência Nacional dos Bispos do Brasil, devidamente autorizada pela Santa Sé, poderão celebrar convênio sobre matérias específicas, para implementação do presente Acordo.

Artigo 19

Quaisquer divergências na aplicação ou interpretação do presente acordo serão resolvidas por negociações diplomáticas diretas.

Artigo 20

O presente acordo entrará em vigor na data da troca dos instrumentos de ratificação, ressalvadas as situações jurídicas existentes e constituídas ao abrigo do Decreto n. 119-A, de 7 de janeiro de 1890 e do Acordo entre a República Federativa do Brasil e a Santa Sé sobre Assistência Religiosa às Forças Armadas, de 23 de outubro de 1989.

Feito na Cidade do Vaticano, aos 13 dias do mês de novembro do ano de 2008, em dois originais, nos idiomas português e italiano, sendo ambos os textos igualmente autênticos.

PELA REPÚBLICA FEDERATIVA DO BRASIL
Celso Amorim
Ministro das Relações Exteriores
PELA SANTA SÉ
Dominique Mamberti
Secretário para Relações com os Estados

6

RELAÇÃO DOS TRIBUNAIS ECLESIÁSTICOS DO BRASIL

NORTE 1

Tribunal Interdiocesano de Manaus
Rua 27, 1142, cj. Castelo Branco, Parque Dez
69055-450 Manaus, AM
(Fone: 92-3877.5700; tribunaleclesiasticodemanaus@hotmail.com)

NORTE 2

Tribunal Interdiocesano de Belém
Av. Gov. José Malcher, 915, Nazaré
66055-260 Belém, PA
(Fone: 91-3215.7001)

Tribunal Interdiocesano de Bragança do Pará
Praça da Catedral, 368, Centro
68600-000 Bragança, PA
(Fone: 91-3425.1108)

Tribunal Interdiocesano de Macapá
Rua São José, 1790, Centro, 68900-110 Macapá, AP
(Fone: 96-3222.0426; curiadiocesana.macapa@gmail.com)

Tribunal Interdiocesano de Santarém
Praça Mons. José Gregório, 453, Centro
68005-020 Santarém, PA
(Fone: 93-3522.1668)

NORTE 3

Tribunal Interdiocesano de Palmas
504 Norte, Alameda 14, Lote 2/4
77006-586 Palmas, TO
(Fone: 63-3218.8424; tribunal.palmas@gmail.com)

NORDESTE 1

Tribunal Regional e de Apelação de Fortaleza
Av. Dom Manuel, 3, Centro
60060-090 Fortaleza, CE
(Fone: 85-4005.7867; terace.ne1.cnbb@gmail.com)

NORDESTE 2

Tribunal Interdiocesano de Natal
Av. Floriano Peixoto,674, Tirol
59025-520, Natal, RN
(Fone: 84-3615.2803)

Tribunal Regional e de Apelação de Olinda e Recife
Rua Dom Bosco, 908, Boa Vista
50070-070 Recife, PE
(Fone: 81-3221.7485)

NORDESTE 3

Tribunal Regional e de Apelação de São Salvador
Av. Leovigildo Filgueiras, 270, Garcia
40100-000 Salvador, BA
(Fone: 71- 4009.6641)

NORDESTE 4

Tribunal Regional e de Apelação de Teresina
Av. Serafim, 3200
64001-020 Teresina, PI
(Fone: 86-2106.2150; treeclesiastico@gmail.com)

NORDESTE 5

Tribunal Regional de São Luís
Rua do Rancho, 57, Centro
65010-010 São Luís, MA
(Fone: 98-3231.7056)

LESTE 1

Tribunal Interdiocesano de Niterói
Rua Gavião Peixoto, 250, Icaraí
24230-103 Niterói, RJ
(Fone: 21-3602.1700; vigariojudicial@arqnit.org.br)

Tribunal Interdiocesano e de Apelação do Rio de Janeiro
Rua Benjamin Constant, 23, Glória
20241-150 Rio de Janeiro, RJ
(Fone: 21-3852.1794; tribunalchristi@yahoo.com.br)

Tribunal Interdiocesano e de Apelação de Belo Horizonte
Av. João Pinheiro, 39
30130-180 Belo Horizonte, MG
(Fone: 31-3224.2434)

Tribunal da Diocese da Campanha
Rua João Luís Alves, 106, Centro
37400-000 Campanha, MG
(Fone: 35-3261.1217; tribunaldacampanha@gmail.com)

Tribunal Interdiocesano e de Apelação de Diamantina
Rua Dom Joaquim, 16, Centro
39100-000 Diamantina, MG
(Fone: 38-3531.3956; tribunal@arquidiamantina.org.br)

Tribunal da Diocese de Divinópolis
Rua Mato Grosso, 503, Centro
35500-027 Divinópolis, MG
(Fone: 37-3221.9197; tribunaldiv@gmail.com)

Tribunal Interdiocesano e de Apelação de Juiz de Fora
Av. Barão do Rio Branco, 4516, Alto Boa Vista
36026-500 Juiz de Fora, MG
(Fone: 32-3229.5450; tribunal@arquidiocesedejuizdefora.org.br)

LESTE 2

Tribunal da Arquidiocese de Mariana
Rua Direita, 102, Centro
35420-000 Mariana, MG
(Fone: 31-3557.3922; temarianense@yahoo.com.br)

Tribunal Interdiocesano de Montes Claros
Praça Dr. Chaves, 52, Centro
39400-005 Montes Carlos, MG
(Fone: 38-3221.1132; tribunal.eclesiastico@yahoo.com.br)

Tribunal da Arquidiocese de Pouso Alegre
Travessa Dr. Sílvio Fausto, 33, Centro
37550-000 Pouso Alegre, MG
(Fone: 35-3421.1248; tribunalarquidiocesanopa@yahoo.com.br)

Tribunal Interdiocesano de Uberaba
Praça Dom Eduardo, 56, Mercês
38060-280 Uberaba, MG
(Fone: 34-3312.9565; contato@tribunaleclesiastico.org.br)

Tribunal Interdiocesano e de Apelação de Vitória do Espírito Santo
Rua Soldado Abílio dos Santos, 47, Centro
29015-620 Vitória, ES
(Fone: 27-3223.6711; tribunaleclesiastico@aves.org.br)

SUL 1

Tribunal Interdiocesano e de Apelação de Aparecida
Rua Barão do Rio Branco, 412, Centro
12570-000 Aparecida, SP
(Fone: 12-3104.2707; tribunal@arqaparecida.org.br)

Tribunal Interdiocesano de Botucatu
Rua Dom José Lázaro Neves, 414
19814-391 Assis, SP
(Fone: 18-3322.5202; tribunaldebotucatu@ig.com.br)

Tribunal da Diocese de Mogi das Cruzes
Rua Paulo Frontin, 400, Centro
08710-050 Mogi das Cruzes, SP
(Fone: 11- 2668.6111; tribecle.diocmogi@gmail.com)

Tribunal Interdiocesano e de Apelação de Campinas
Rua Lumen Christi, 2
Jardim das Paineiras 1
13092-320 Campinas, SP
(Fone: 19-3794.4661; tribunal@arquidiocesecampinas.com)

Tribunal da Diocese de Ourinhos
Rua Arlindo Luz, 442, Centro
19910-070 Ourinhos, SP
(Fone: 14-3322.4929)

Tribunal Interdiocesano de Ribeirão Preto
Rua Tibiriçá, 899, Centro
14010-090 Ribeirão Preto, SP
(Fone: 16-3610.8972; tribunalsjrp@gmail.com)

Tribunal Interdiocesano de São José do Rio Preto
Rua Delegado Pinto de Toledo, 2159, Boa Vista
15025-075 São José do Rio Preto, SP
(Fone: 17-3222.3621)

Tribunal Interdiocesano de São Paulo
Av. Nazaré, 993, Ipiranga
08010-972 São Paulo, SP
(Fone: 11- 3826.5143)

Tribunal Interdiocesano de Sorocaba
Rua Pernambuco, 70, Centro
18035-460 Sorocaba, SP
(Fone: 15-3234.7484; trib_interdiocesano@terra.com.br)

Tribunal Diocesano de Santo Amaro
Av. Mascote, 1171, Vila Mascote
04363-001 São Paulo, SP
(Fone: 11-2821.8700; tribunaleclesiastico@tribunaldesantoamaro.org.br)

SUL 2

Tribunal Interdiocesano de Cascavel
Rua Maranhão, 1595,
85801-051 Cascavel, PR
(Fone: 45-3225.2324; teicascavel@hotmail.com)

Tribunal Interdiocesano e de Apelação de Curitiba
Av. Jaime Reis, 369, Alto São Francisco
80510-010 Curitiba, PR
(Fone: 41- 2105.6312; tribunal@arquidiocesecwb.org.br)

Tribunal Interdiocesano e de Apelação de Londrina
Rua Dom João Bosco, 145, Jd. Dom Bosco
86060-240 Londrina, PR
(Fone: 43-3347.3141; tribunaleclesiastico@gmail.com)

Tribunal Interdiocesano de Maringá
Rua Vereador Joaquim Pereira de Castro, 267, Vila Santo
Antônio
87030-170 Maringá, PR
(Fone: 44-3028.6761; teamaringa@gmail.com)

SUL 3

Tribunal Interdiocesano de Passo Fundo
Rua Coronel Chicuta, 436A, 4º andar
99010-051 Passo Fundo, RS
(Fone: 54- 3045.9239; tribunaleclesiastico.pf@bol.com.br)

Tribunal Interdiocesano de Pelotas
Rua 7 de Setembro, 145
96015-300 Pelotas, RS
(Fone: 53- 3229-2111)

Tribunal Interdiocesano de Porto Alegre
Rua Espírito Santo, 95, Centro
90010-370 Porto Alegre, RS
(Fone: 51-3222.4216; eclesiapoa@gmail.com)

Tribunal Interdiocesano de Santa Maria
Rua Sinval Saldanha, 256
98900-000 Santa Rosa, RS
(Fone: 55- 3512.7399; casasacra@uol.com.br)

SUL 4

Tribunal Regional de Florianópolis
Rua Deputado Antônio Edú Vieira, 1524, Pantanal
88040-001 Florianópolis, SC
(Fone: 48-3304.3690; tribunal@teif.org.br)

CENTRO-OESTE

Tribunal Interdiocesano e de Apelação de Brasília
Esplanada dos Ministérios, EMI, lote 12, Ed. São João Paulo II
70050-000 Brasília, DF
(Fone: 61-3213.3325; te@arquidiocesedebrasilia.org.br)

Tribunal Eclesiástico Interdiocesano de Goiânia
Av. Universitária, s/n., Centro
74001-970 Goiânia, GO
(Fone: 62-3223.0756)

OESTE 1

Tribunal Interdiocesano de Campo Grande
Rua Abílio Barbosa, 168, São Francisco
79118-130 Campo Grande, MS
(Fone: 67-3314.7344; tercg@terra.com.br)

OESTE 2

Tribunal Interdiocesano de Cuiabá
Rua Antônio João, 258, Ed. Pres. Dutra, salas 301 e 302,
Centro
78005-410, Cuiabá, MT
(Fone: 65-3054.7702; tribunalcuiaba@yahoo.com.br)

NOROESTE

Tribunal Interdiocesano de Porto Velho
Rua Carlos Gomes, 964, Centro,
76801-150 Porto Velho, RO
(Fone: 69-3221.2270; tribunal.eclesiastico@hotmail.com)

7

MODELO DE HISTÓRICO PARA A ABERTURA DE UM PROCESSO DE NULIDADE DE MATRIMÔNIO E OUTRAS INFORMAÇÕES

Cuida-se de um momento muito importante. Forneço alguns itens fundamentais que, com certeza, serão requeridos pelo tribunal eclesiástico para a abertura do processo de nulidade. O histórico contém os dados básicos do *demandante* (quem entra com a ação de nulidade de casamento) e do *demandado* ou *demandada* (o outro cônjuge), bem como do casamento em si. São informações imprescindíveis para que os juízes canônicos possam realmente aferir a nulidade do casamento.

O questionário abaixo deve ser respondido pessoalmente pelo interessado. Todavia, sempre que conveniente, é bom solicitar a ajuda de pessoas que conviveram com os cônjuges ou conhecem fatos relevantes. Isto ajudará na obtenção de informações claras e precisas.

Indo ao tribunal eclesiástico, a pessoa interessada pode levar consigo o questionário preenchido. Em caso de dúvida acerca de algumas das perguntas, pode-se consultar um padre.

A) Com relação aos cônjuges

1. Nome, filiação, data e lugar de nascimento.
2. Qual sua religião? Pratica-a? Onde foi batizado?
3. Grau de instrução e profissão.
4. Endereço completo.
5. Data do matrimônio religioso e civil. Igreja e cidade.
6. Como era sua família e seu relacionamento com ela?
7. Conhece pessoalmente algum sacerdote?

B) Com relação à preparação para o matrimônio

1. Como, quando e onde conheceu o seu cônjuge?
2. Como, quando e onde iniciou o namoro? Quanto tempo durou o namoro? Como foi esse período? Havia brigas e desentendimentos? Houve intimidades, gravidez? Chegou a desmanchar o namoro? Quantas vezes e por quanto tempo? Quem procurava a reconciliação e por quê?
3. Responda as mesmas questões do item anterior com relação ao noivado.
4. No caso de ter havido brigas no tempo do noivado, por que chegaram ao casamento?

C) Com relação à celebração do matrimônio

1. Ambos foram livremente para o matrimônio? Alguém ou alguma circunstância os obrigou? No caso afirmativo: quem e quais circunstâncias?

2. Como foi o dia do matrimônio? Tudo correu normalmente nas funções religiosa e civil? E na festa? Notou alguma coisa nesse dia que suscitasse dúvidas a respeito do feliz êxito do matrimônio?

D) Com relação à vida conjugal

1. Houve lua de mel? Onde e por quanto tempo? O matrimônio foi consumado? Houve dificuldades nesta área? Quais?

2. Quando surgiram os primeiros problemas do casal? Eles já existiam anteriormente ao matrimônio?

3. Relate, detalhadamente, os principais fatos que prejudicaram o relacionamento do casal e levaram o matrimônio a um final infeliz.

4. Algum problema psíquico ou mental prejudicou o relacionamento? Esse problema era anterior ao casamento?

5. Houve infidelidade conjugal? De quem? Antes, durante ou depois do casamento?

6. Tiveram filhos? Quantos? Se não, por quê? Os cônjuges assumiram a obrigação de casados com referência ao lar, ao outro cônjuge e aos filhos?

7. Amavam-se de verdade? Com que tipo de amor? Amavam-se com *amor marital*, capaz de dar alicerce ao matrimônio? Quando descobriram que não havia mais amor entre ambos?

8. Quanto tempo durou a vida conjugal?

E) Com relação à separação do casal

1. De quem foi a iniciativa da separação? Qual foi o verdadeiro motivo dessa separação?

2. Houve tentativa de reconciliação? Por parte de quem? Qual foi seu resultado?

3. Com quem vivem hoje os cônjuges?

4. Qual é o motivo e o que se espera, ao introduzir este processo no foro eclesiástico?

Documentos geralmente solicitados para a abertura de um processo

1. Duas fotocópias da carteira de identidade.

2. Duas certidões de batismo de cada um dos cônjuges.

3. Duas certidões de casamento religioso (original e cópia).

4. Duas cópias do processículo matrimonial (obtido na paróquia onde se realizou o casamento).

5. Duas cópias da certidão do casamento civil.

6. Duas fotocópias da certidão do casamento civil averbado.

7. Duas certidões do domicílio canônico da parte demandada (cônjuge em face de quem se postula a nulidade do matrimônio).

Documentação complementar (eventualmente, pode servir para o processo)

1. Laudos periciais de psicologia clínica ou psiquiátrica.

2. Boletins de ocorrência, exames de corpo de delito, cartas e outros papéis que forem importantes para esclarecer os fatos.

8

INDICAÇÕES DE LEITURA PARA O APROFUNDAMENTO NO ESTUDO DO DIREITO CANÔNICO

ão há uma farta bibliografia de direito canônico em português. Existem inúmeras obras em espanhol, em italiano e em francês. De qualquer modo, apresento abaixo uma lista de livros escritos na língua portuguesa que podem ser facilmente adquiridos em livrarias católicas ou emprestados de boas bibliotecas, principalmente nas universidades católicas e nas faculdades de teologia.

A) *Código de Direito Canônico* (edição bilíngue) (São Paulo: Loyola).

B) Temática geral ou introdutória

CAPPELINI, Ernesto (organizador). *Problemas e perspectivas de direito canônico*. São Paulo: Loyola.

CIFUENTES, Rafael Llano. *Relações entre a Igreja e o Estado.* Rio de Janeiro: José Olympio Editora.

_____. *Curso de direito canônico.* São Paulo: Saraiva.

FELICIANI, Giorgio. *As bases do direito da Igreja.* São Paulo: Paulinas.

GHIRLANDA, Gianfranco. *Introdução ao Direito Canônico.* São Paulo: Loyola.

_____. *O Direito na Igreja.* Aparecida: Santuário.

GRINGS, Dadeus. *A ortopráxis da Igreja – O direito canônico a serviço da pastoral.* Aparecida: Santuário.

LIMA, Maurílio Cesar de. *Introdução à história do direito canônico.* São Paulo: Loyola.

LOMBARDIA, Pedro. *Lições de Direito Canônico.* São Paulo: Loyola.

MÜLLER, Ivo. *Direitos e deveres do povo de Deus.* Petrópolis: Vozes.

SALVADOR, Carlos Corral (organizador). *Dicionário de Direito Canônico*: São Paulo: Loyola.

SAMPEL, Edson Luiz. *Introdução ao Direito Canônico.* São Paulo: LTR.

_____. *Estudos de Direito Canônico* (organizador). São Paulo: LTR.

_____. *Questões de Direito Canônico.* São Paulo: Paulinas.

STARLINO, Roberto Natali. *Direito Eclesial: instrumento da justiça do reino.* São Paulo: Paulinas.

TOURNEAU, Dominique le. *O Direito da Igreja.* São Paulo: Quadrante.

C. Direito matrimonial canônico e nulidade de casamento

BIANCHI, Paolo. *Quando o matrimônio é nulo?* São Paulo: Paulinas.

CIFUENTES, Rafael Llano. *Novo Direito Matrimonial Canônico.* Rio de Janeiro: Marques Saraiva.

HORTAL, Jesus. *Casamentos que nunca deveriam ter existido.* São Paulo: Loyola.

_____. *O que Deus uniu – Lições de direito matrimonial canônico.* São Paulo: Loyola.

SAMPEL, Edson Luiz. *Quando é possível decretar a nulidade de um matrimônio?* São Paulo: Paulus, 3ª edição.

_____. *Casamentos Nulos.* São Paulo: LTR.

VASCONCELOS, Abílio Soares. *Direito Matrimonial Comparado – Canônico e Civil.* Rio de Janeiro: Maanaim.

D) Direito social canônico

GERALDO, Denílson. *O processo de admissão à vida consagrada* (Santa Maria: Biblos).

GUTIÉRREZ, Domingo Javier Andrés. *Os superiores religiosos e o código.* São Paulo: Paulinas.

KRUTZ, Ivo José. *A paróquia*. São Paulo: Loyola.

NEVES, Audálio. *O povo de Deus – Renovação do direito na Igreja*. São Paulo: Loyola.

SAMPEL, Edson Luiz. *A responsabilidade cristã na administração pública – uma abordagem à luz do direito canônico*. São Paulo: Paulu).

E) Direito sacramental canônico

HORTAL, Jesus. *Os sacramentos da Igreja e sua Dimensão Canônico-Pastoral* (São Paulo: Loyola).

F) Direito penal canônico

BARROS, José Francisco Falcão de. *Delitos e Crimes na Igreja Católica*. Aparecida: Santuário.

ORSI, João Carlos. *Direito Penal Canônico*. São Paulo: LTR.

G) Direito processual canônico

ARROBA, Manuel J. Conde. *Direito Processual Canônico*. São Paulo: Instituto de Direito Canônico Pe. Dr. Giuseppe Benito Pegoraro.

A marca FSC® é a garantia de que a madeira utilizada na fabricação do papel deste livro provém de florestas que foram gerenciadas de maneira ambientalmente correta, socialmente justa e economicamente viável.

Este livro foi composto com as famílias tipográficas Adobe Garamond, Goudy Old Style, Lautenbach e impresso em papel Offset 75g/m² pela **Gráfica Santuário.**